ANDREA LOMBARDI

ACHTUNG PANZER!

STORIA E UNIFORMI DELL'ARMA CORAZZATA TEDESCA, 1939-1945

La marea feldgrau *rattristava la capitale, dove ad infornate si riversavano i soldati tedeschi in licenza. Io ero incuriosito dall'uniforme nera dei militari più giovani, i più esili di taglia. Mi venne spiegato trattarsi degli equipaggi dei* Panzer.

Lucien Rebatet, Parigi 1941.

Sul Boulevard de l'Amiral Bruix passavano con fragore carri armati pesanti in marcia verso il fronte. I giovani equipaggi vivevano in quella specie di allegria fondata sulla malinconia, della quale io mi ricordo così bene. Si intuiva in loro, vicinissima, la vicinanza della morte... E come i giovani sedevano sui Panzer, *delicati l'uno con l'altro come sposi alla vigilia della loro festa, quasi in un convito spirituale!*

Ernst Jünger, Parigi, 7 giugno 1944.

ISBN: 978-88-9327-5774 2A EDIZIONE : maggio 2020
Titolo: **Achtung Panzer – Storia e uniformi dell'arma corazzata tedesca 1939-1945**
(ISE-026) Di Andrea Lombardi
Pubblicato da LUCA CRISTINI EDITORE. Cover & Art design: L. S. Cristini
Prima edizione a cura di ASSOCIAZIONE ITALIA STORICA - Genova 2010.
Copyright delle fotografie dell'esposizione, Andrea Lombardi e Damiano Speroni.

Il grande successo che ha riscosso la mostra tematica "*Achtung Panzer! Storia e uniformi dell'arma corazzata tedesca, 1939-1945*" alla fiera "Militalia" di Novegro di maggio 2010, apprezzata sia dai più avanzati collezionisti italiani e stranieri sia dai semplici entusiasti, ci ha incoraggiato nel pubblicare questo catalogo, che presenta le uniformi e i testi che facevano parte della rassegna; una visione rapida, ma riteniamo interessante, della *Panzerwaffe* nella seconda guerra mondiale. Le uniformi e i copricapi presentati includono *Panzerjacke* profilate, *Sonderbekleidung Panzertruppe*, *Panzer-Polizei*, *Panzerjäger*, *Panzer-Nahrichten* e *Sturmartillerie*, oltre a *Panzerjacke* della "Hermann Göring" e tenute protettive in *Drillich*; *Schirmmütze* da Ufficiale e Sottufficiale, i vari tipi di *Schiffchen*, il raro *Schutzmütze*, e *Schiffchen* e *Einheitsmütze* 43 da Generale della *Panzertruppe*.

Andrea Lombardi

La Panzerwaffe

Le origini della truppa corazzata tedesca risalgono alla prima guerra mondiale, quando l'Esercito Imperiale, colto di sorpresa dall'impiego dei primi *Tank* inglesi e dei *Char d'assault* francesi dovette trovare delle contromisure adeguate a questa nuova arma. I tedeschi affrontarono il problema dapprima cercando di dotare le proprie truppe di una difesa controcarro introducendo un munizionamento perforante per le armi leggere, e, dopo aver identificato i punti deboli dei mezzi avversari, istruendo la fanteria alla lotta ravvicinata con cariche esplosive e altri espedienti, e l'artiglieria al tiro diretto contro i terrificanti ma lenti *Tank*. L'Alto Comando tedesco, tuttavia, si rese conto che i mezzi difensivi, culminati nell'adozione del fucilone controcarro *Tank-Gewehr* da 13 mm, potevano essere solo una parte della soluzione, e come fosse essenziale che anche la Germania si dotasse di carri armati. Furono quindi inizialmente impiegati i mezzi nemici catturati, e poi messo in servizio il primo corazzato tedesco: l'*A7V Sturmwagen*. Questo carro armato, pesante 33 tonnellate e armato con un pezzo da 57 mm e sei mitragliatici, partecipò a diverse azioni sul Fronte Occidentale, e assieme ai mezzi catturati si scontrò in alcune occasioni con i *Tank* inglesi: questi furono i primi scontri tra carri armati della storia.

Dopo la fine della prima guerra mondiale, alla Germania fu proibito dalle condizioni d'armistizio di tenere in arsenale o produrre mezzi corazzati, a parte alcune autoblindo per compiti di polizia; ad ogni modo, le nuove Forze Armate (*Reichswehr*) della neonata Repubblica di Weimar prestarono dapprima poca attenzione, anche a livello teorico, alla meccanizzazione dell'esercito. Ma alcuni Ufficiali studiarono attentamente sia le passate esperienze del conflitto appena conclusosi sia gli sviluppi dei corazzati e delle relative dottrine operative nelle altre nazioni. Oltre il notissimo Heinz Guderian, ritenuto il padre della *Panzerwaffe*, altri nomi importanti furono Oswald Lutz, Wilhelm Groener, G.P. von Zeschwitz, il ricercatore tecnico Fritz Heigl, autore di un seminale *Libro tascabile dei corazzati*, e il Generale Hans von Seeckt, che gettò, con la sua idea di un esercito compatto, altamente addestrato e mobile, particolarmente versato nella guerra di movimento (*Bewegungskrieg*), i semi per lo sviluppo delle forze meccanizzate tedesche (*Schnelle Truppe*) e di conseguenza della *Blitzkrieg*.

Quindi, grazie agli accordi tra la Germania e l'URSS, membri della *Reichswehr* poterono dapprima addestrarsi clandestinamente in Russia all'impiego dei corazzati; dopo il definitivo consolidarsi del Partito Nazionalsocialista alla guida della Germania, fu autorizzata la costruzione dei primi *Panzer*, e la costituzione di unità corazzate.

Mentre nelle altre nazioni, a fronte di un rapido incremento della produzione di corazzati, non si assistette a un pari sviluppo di tattiche operazionali adeguate alle grandi possibilità offerte dai carri armati, in Germania i teorici militari si resero conto del limite dell'impiegare i *Panzer* solo come mezzi di supporto alla fanteria, costretti quindi ad adattarsi alla velocità di avanzata di quest'ultima, e spesso dispersi singolarmente o in piccoli gruppi lungo ampi settori del fronte, riducendo così la forza d'urto di questi mezzi, e idearono così una tattica che riprendeva, *meccanizzandole*, le tattiche delle *Stosstrupp* (truppe d'assalto) della prima guerra mondiale: infiltrazione, penetrazione e aggiramento, aggiungendo poi la fondamentale nozione del concentrare in un "maglio corazzato" i *Panzer*, in modo da avere, nel punto di sforzo principale del fronte (*Schwerpunkt*) la massima concentrazione di forze. Avvenuto lo sfondamento, anche grazie al supporto dell'aviazione, i *Panzer*, con le indispensabili altre unità formanti la *Panzer-Division* (*Panzergrenadiere*, Genio, Artiglieria, Trasmissioni...), non riducevano quindi concentricamente le difese nemiche, lasciando questo compito alle altre unità meno mobili, ma si spingevano in profondità nello schieramento avversario, recidendo linee di rifornimento, comando e comunicazione, spargendo il panico nelle retrovie e, con una successiva rotazione dell'asse d'avanzata, veniva quindi minacciato tutto un fianco dello schieramento avversario, minacciandolo d'aggiramento e costringendo quindi spesso al ripiegamento un intero settore del fronte nemico.

Le *Panzer-Division*, grazie all'applicazione di queste tattiche, all'abilità e all'iniziativa dei comandanti e l'addestramento dei carristi, alla flessibilità dei *Kampfgruppe* (Gruppi di combattimento formati con singoli reparti della Divisione e altre unità), alla moltiplicazione di forze data da una efficiente rete di comunicazioni e dal supporto aereo ravvicinato della *Luftwaffe*, furono le protagoniste dei grandi successi della *Wehrmacht* in Polonia, Francia, Jugoslavia e Grecia nel 1939-1941, nonostante il numero limitato delle divisioni meccanizzate, vera punta di lancia di una *Heer* quasi totalmente ippotrainata, e le caratteristiche modeste di molti dei *Panzer* impiegati dai reparti (ancora nel 1940, la maggior parte dei mezzi disponibili alla *Panzerwaffe* erano i *Panzerkampfwagen I*, armati di sole mitragliatrici da 7.92 mm, e i *Panzerkampfwagen II*, dotati di un cannone automatico da 2 cm).

Anche durante le prime fasi della campagna di Russia i *Panzer* recitarono, su un palcoscenico ben più vasto, lo stesso copione, conseguendo enormi successi nelle battaglie di aggiramento dell'estate-autunno 1941; e anche questa volta l'adde-stramento e la flessibilità degli uomini della *Panzerwaffe* prevalsero su reparti nemici con mezzi superiori in quantità e spesso in qualità, ma mal comandati: i *Panzer III e IV* o i cecoslovacchi *Panzer 35 (t) e 38 (t)* (questi ultimi armavano ben quattro delle *Panzer-Division* impiegate nell'Operazione *Barbarossa*) non potevano competere – dal punto di vista tecnico – con la mobilità, corazzatura e potenza di fuoco del *T-34/76* sovietico, la cui comparsa fu un vero shock per i carristi tedeschi, i quali poterono confrontarsi ad armi pari con il potente mezzo avversario solo quando il *Panzer IV* fu dotato dei cannoni *L/43* e *L/48*, e con l'introduzione dei potenti *Tiger* e dei *Panther*, che divennero l'incubo dei carristi Alleati e sovietici.

Stessi successi furono colti dai reparti corazzati al comando di Rommel in Nord Africa sino al 1942; i *Panzer* seguirono quindi le fortune della Germania per il resto del conflitto: da Stalingrado a El Alamein, dal contrattacco di Kharkov alla "cavalcata della morte" della *Panzertruppe* a Kursk, dalla testa di ponte di Nettuno al *bocage* della Normandia, all'ultima spallata nelle Ardenne... sino ai mesi finali della guerra, dove, in innumerevoli disperati combattimenti difensivi, numeri limitati di *Panzer* furono impiegati come "stecche di balena" delle sempre più vacillanti linee tedesche, rappresentando spesso l'unica speranza per gli esausti *Landser* abbarbicati agli ultimi calcinati lembi del *III Reich* al crepuscolo.

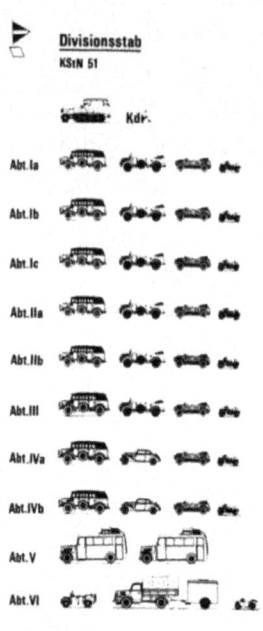

Dotazione teorica di un Panzer-Regiment, 1944

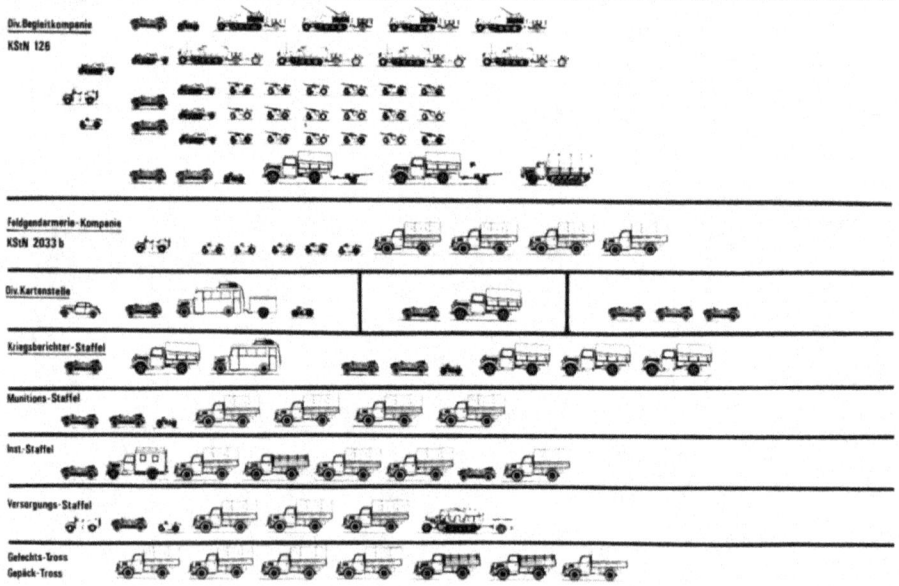

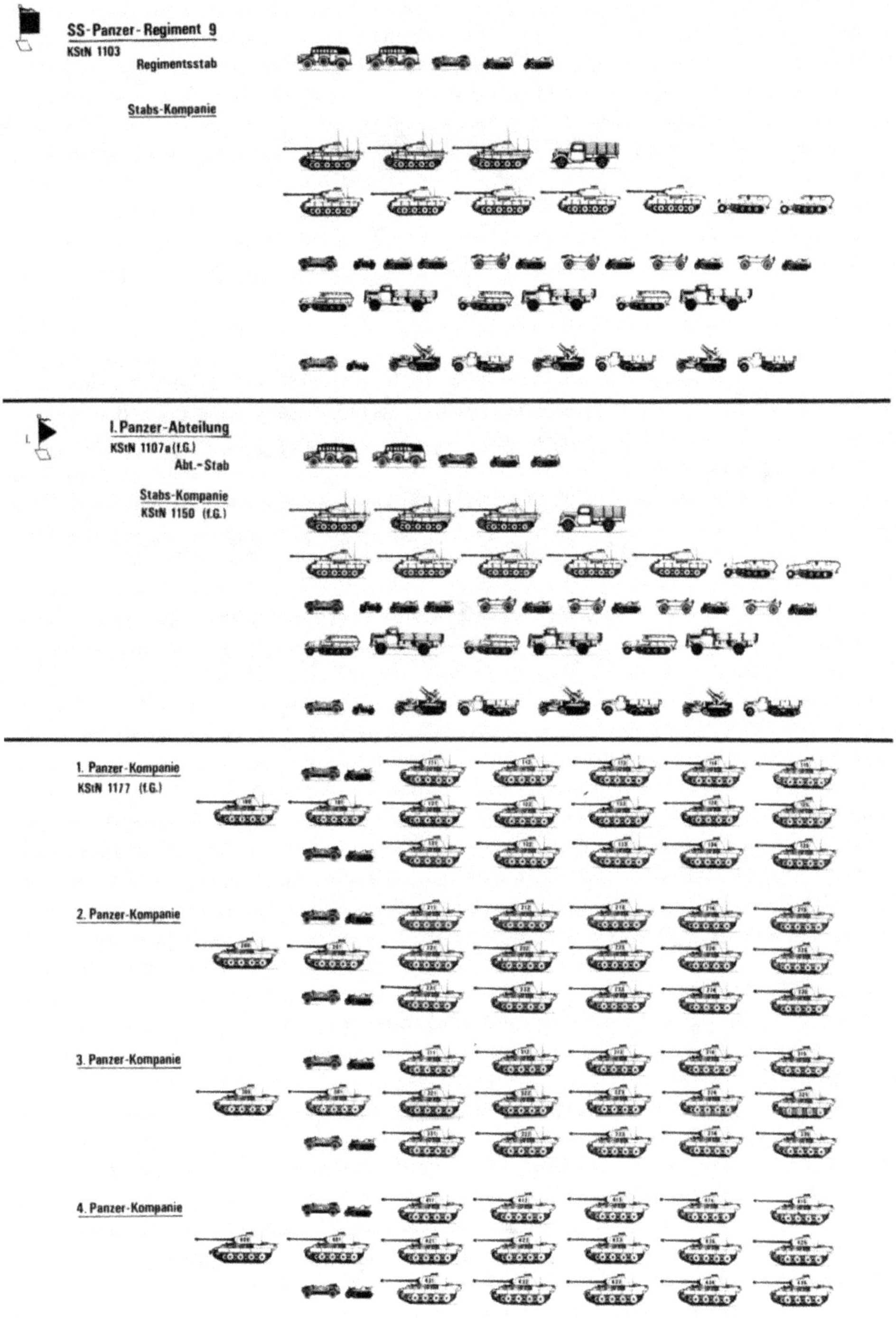

SS-Panzer-Regiment 9
KStN 1103
  Regimentsstab

  Stabs-Kompanie

I. Panzer-Abteilung
KStN 1107a (f.G.)
  Abt.-Stab

  Stabs-Kompanie
  KStN 1150 (f.G.)

---

1. Panzer-Kompanie
KStN 1177 (f.G.)

2. Panzer-Kompanie

3. Panzer-Kompanie

4. Panzer-Kompanie

Versorgungs-Kompanie
KStN 1151a (f.G.)

 II. Panzer-Abteilung
KStN 1177 (f.G.)
Abt.-Stab

Stabs-Kompanie
KStN 1150 (f.G.)

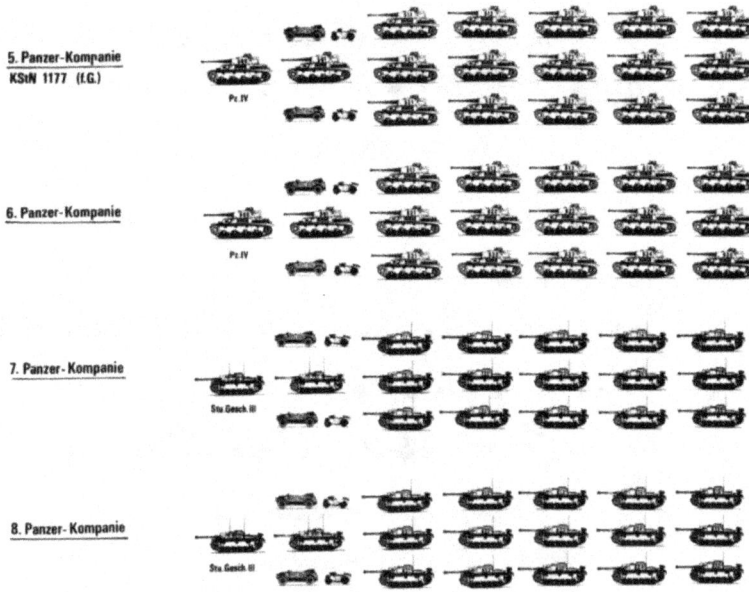

Panzer-Werkstatt-Kompanie
KStN 1187 (f.G.)

Le uniformi della Panzertruppe

La speciale uniforme delle truppe corazzate (*Sonderbekleidung der Deutschen Panzertruppen*) fu introdotta il 12 novembre 1934 con il foglio d'ordini *Allgemeine Heeresmitteilung 1934, nr. 85*: era composta da giacca, pantalone e copricapo protettivo, confezionati in panno nero. La giacca era mostreggiata con delle particolari mostrine caricate di *Totenkopf* metalliche, insegne regolamentari per ogni ordine di grado. Colore e mostrine rispecchiavano praticità (rendere meno vistose le macchie che inevitabilmente si procuravano i militari all'interno dei carri) e tradizione, rispettando nel colore e nelle insegne i teschi con tibie incrociate rese celebri dal famoso 5° Reggimento Ussari di Federico il Grande, il Reggimento Ussari più antico (1741) e più decorato dell'Impero Germanico; la nuova arma corazzata guardava al futuro con salde radici nelle tradizioni secolari dell'ardimento della Cavalleria Prussiana. Il taglio aderente al corpo e l'assenza di tasche rendeva l'indumento adatto all'impiego nei ristretti confini del mezzo corazzato. Nel 1940, come descritto in altro capitolo, fu introdotta una versione di taglio identico, ma in panno di colore grigioverde, per l'artiglieria d'assalto (*Sturmartillerie*).

La giacca era tagliata ¾ con il pannello sinistro che si sovrapponeva a quello destro, abbottonandosi allo stesso per mezzo di quattro grossi bottoni in bachelite, corno e a guerra inoltrata in materiali sintetici; nel primo modello i baveri erano puramente ornamentali. Nei modelli successivi, altri tre piccoli bottoni chiudevano il pannello fino al colletto, che poteva poi essere chiuso per mezzo di un uncino in metallo annerito. Le giacche prodotte fino al 1940 avevano il colletto profilato nel regolamentare colore d'arma (*Waffenfarbe*) rosa; pur continuando in maniera discontinua la produzione sartoriale per Sottufficiali anziani e Ufficiali, da questa data in poi le *Panzerjacke* furono confezionate senza la profilatura al colletto per esigenze di economia di guerra. Le maniche hanno uno spacchetto sul lato posteriore per regolare l'ampiezza del polso tramite due piccoli bottoni. La parte posteriore della giacca è composta, per il modello dell'esercito, da due pannelli cuciti al centro. La fodera interna è in cotone o rayon, a sinistra è applicata una tasca con apertura verticale, mentre sulla fodera dell'interno del pannello sinistro è cucita una tasca con apertura orizzontale. All'altezza della vita, una fettuccia permette di rendere ancora più aderente al corpo la giacca. Sono presenti poi delle piccole asole con fettucce per fissare i ganci reggi cinturone, raramente usati dai carristi. I pantaloni, sempre in panno nero e dotati di una robusta cintura interna in tela, erano tagliati ampi, per poi stringersi alla caviglia.

Dopo le prime esperienze sul campo, gli equipaggi dei carri sentirono l'esigenza di una divisa leggera, da usare quando le condizioni climatiche ed operative facessero ritenere non confortevole la pesante divisa in panno, specie nell'interno angusto di un corazzato. Furono quindi impiegati numeri limitati di tute in cotone cecoslovacche, mentre delle nuove uniformi speciali in tela furono introdotte nel maggio del 1941: di taglio simile all'uniforme nera per carristi, i primi modelli erano confezionati in robusto filo di cotone bianco, tessuto a spina di pesce, mentre in seguito furono distribuite divise in tela tessuta a spina di pesce di color verde (*Schilfgrüner Drillichschutzanzug für*

Panzertruppen), oppure in cotone ritorto (*Denim*). All'occorrenza queste ultime divise potevano essere portate sopra la tenuta speciale in panno, garantendo maggiore protezione alle intemperie; a tale scopo molte giacche furono dotate di una seconda fila di bottoni, onde poter regolare l'ampiezza dell'indumento, mentre il colore verde o grigio topo, garantiva al carrista una mimetizzazione superiore all'appari-scente divisa nera, specie al di fuori del mezzo.

Dal 1942, nei modelli successivi alla prima fornitura di queste pratiche uniformi, che divennero subito popolari tra la truppa combattente, la giacca e i relativi pantaloni presentavano sul lato sinistro una capace tasca a soffietto, chiusa da una patta ad aletta. I pantaloni di queste tenute erano tagliati ampi, stretti alla caviglia e sui lati presentano all'altezza delle tasche delle apposite aperture necessarie, se il capo veniva utilizzato sopra ad un'altra divisa, per accedere alle tasche dei pantaloni sottostanti. Le uniformi speciali della *Panzertruppe* e della *Sturmartillerie*, nelle diverse versioni, furono anche usate dai reparti esploranti (*Aufklärer*), cacciacarri (*Panzerjäger*), del genio corazzato (*Panzer-Pioniere*), trasmissioni (*Nachrichten*), artiglieria corazzata (*Panzer-Artillerie*) e da altre unità (*Polizei*, *Skijäger*, equipaggi degli *SPW*, etc.).

La *Sonderbekleidung* fu inizialmente completata da un caratteristico copricapo protettivo imbottito (*Schutzmütze*), ma il suo ingombro e la difficoltà nell'impiegarlo con le cuffie radio/intercom lo fecero rapidamente cadere in disuso. I copricapo usati in seguito andavano dalle normali bustine in panno *Feldgrau* (e il cui uso fu vietato da un regolamento apposito, prontamente ignorato sul campo), alle bustine specifiche in panno nero (con diversi modelli introdotti nel 1940 e nel 1942), agli *Schirmmütze*, sino ad arrivare all'*Einheitsfeldmütze* in panno nero introdotto nel 1943; quest'ultimo non era particolarmente popolare tra i carristi poiché la sua visiera, utile in altri contesti, interferiva con l'impiego delle ottiche di puntamento, iposcopi, etc. dei corazzati.

Come riconoscimento agli equipaggi dei corazzati che avevano avuto la prova del fuoco, fu coniato un particolare distintivo, il *Panzerkampfabzeichen*; per distinguere i carristi veterani, sopravissuti a numerosi scontri tra corazzati furono poi introdotte diverse classi del distintivo, concesse a seconda del numero di diverse giornate di combattimento alle quali aveva partecipato il soldato.

Le Uniformi della Sturmartillerie

Gli effettivi dei primi reparti della *Sturmartillerie* ebbero in dotazione la tenuta speciale in panno nero secondo modello con profilatura al colletto, già in dotazione alla *Panzertruppe*, contraddistinta però dal *Waffenfarbe* rosso *(Hochrot)* della *Artillerie*.
Il numero esiguo di unità della *Sturmartillerie* attivate sino al 1940 rende le prime divise in panno nero con *Waffenfarbe* rosso molto rare, come anche le successive giacche in panno nero senza profilatura al colletto ma con mostrine e spalline profilate in rosso. Inoltre nel 1940-1941 furono distribuite in numero limitato uniformi in panno grigioverde con colletto ricoperto in tessuto color verde-bluastro scuro (similmente alle giacche *Heeres Dienstanzug* modello 36).
In seguito, con il foglio d'ordini n°684 del 29 maggio 1940, venne introdotto l'uso di una tenuta grigioverde *(Feldgrauer Sonderbekleidung für die Besatzung der Jagd.Pzkw. und S.F.L. Artillerie Einheiten)*, identica per taglio a quella nera, anch'essa destinata agli equipaggi dei cannoni d'assalto dell'Artiglieria.
Questo provvedimento si rese necessario in quanto il personale dei veicoli blindati scoperti, se abbigliato in nero, era facilmente visibile e riconoscibile, specie quando smontato conduceva una ricognizione a breve raggio del terreno circostante oppure combatteva fuori dal mezzo.
Le mostrine previste inizialmente ricalcavano quelle della unità carriste, essendo costituite da mostrine in panno grigioverde di forma romboidale, profilate nel *Waffenfarbe* rosso e con al centro i teschietti metallici tradizionali della *Panzertruppe*.
Nel 1942 fu interdetto l'uso dei teschietti, da quella data appannaggio esclusivo delle unità *Panzer*, e divenivano quindi regolamentari le mostrine romboidali in panno grigioverde con *Waffenfarbe* rosso.
In seguito fu previsto di mostreggiare le divise della *Sturmartillerie* con le *Doppellitzen* tradizionali, sottopannate in panno grigioverde e bordate dal *Waffenfarbe* rosso cucito intorno alla mostrina o profilate con un *intreccio di Russia* rosso cucito direttamente sul panno della giacca.
La mostrine con le *Totenkopf*, stante la loro popolarità tra gli equipaggi degli *StuG* e non solo, furono comunque utilizzate sino a fine guerra disattendendo in tutta tranquillità i vari regolamenti in vigore.
È da notare che gli equipaggi delle unità di *StuG* assegnati ai *Panzer-StuG-Abteilung* erano spesso dotati non delle divise speciali in panno *Feldgrau*, ma della *Sonderbekleidung* in panno nero della *Panzertruppe*, con le mostrine complete di *Totenkopf* e le spalline profilate in *Waffenfarbe* rosso, anche se l'evidenza fotografica suggerisce che in questi ultimi reparti venisse talvolta usato anche il *Waffenfarbe* rosa proprio delle unità *Panzer*.

La tenuta speciale in panno nero era comunque utilizzata anche nelle unità *StuG* indipendenti, in special modo dagli Ufficiali e dai Sottufficiali anziani durante i servizi di rappresentanza e presentazione, oppure, vista l'eleganza del *nero*... in libera uscita!
I pantaloni della *Feldgrauer Sonderbekleidung* erano simili a quelli della *Panzertruppe*. Confezionati in panno grigioverde, i pantaloni erano chiusi alla caviglia tramite laccetti,

e rimboccati negli scarponcini in cuoio nero o negli stivali da marcia. Sui lati dei pantaloni erano poste due tasche oblique munite di aletta e bottone oltre ad una tasca sulla parte posteriore destra e un taschino da orologio sul lato anteriore destro dei pantaloni.
I copricapi utilizzati dagli equipaggi della *Sturmartillerie*, oltre al basco anti urto *Schutzmütze* e al casco protettivo *Lederschutzhaube* utilizzati in numeri limitati ad inizio guerra, erano quelli regolamentari per la *Heer*: dagli *Schirmmütze* alle bustine *Feldmütze Modell 1938* in panno nero o grigioverde, fino al 1942 dotate di gallone a "V" capovolta nell'appropriato *Waffenfarbe*, e in seguito il *Feldmütze 42* e l'*Einheitsfeldmütze 43*.
Era inoltre normalmente impiegato, viste le numerose occasioni nelle quali i membri dell'equipaggio di uno *StuG* dovevano esporsi o smontare dal mezzo nel corso di un'azione, l'elmetto d'acciaio (*Stahlhelm*) nelle sue varie versioni.
A tale proposito segnaliamo, come curiosità, che alcuni equipaggi della *StuG-Brigade 276* nel 1944-1945 utilizzarono elmetti *M 37* da *Fallschirmjäger*, certo più adatti del normale elmetto per essere indossati in un corazzato.
Dal 1942 vennero poi introdotte delle divise più leggere, in cotone tessuto a spina di pesce (*Drillich*) o in cotone denim, che ebbero notevole diffusione tra gli effettivi della *Sturmartillerie* e dei *Panzerjäger*, tanto che dall'analisi delle foto nel periodo 1944-1945 appare che le divise speciali in panno *Feldgrau* sono spesso usate, in questi reparti, solo per i servizi formali e di presentazione, mentre nell'uso sul campo (meno che nel periodo invernale) notiamo un grande uso delle divise in tela, anche combinate con elementi in panno.
Da notare che le tenute speciali in cotone non prevedevano, inizialmente, l'uso di spalline o mostrine, per cui gli unici fregi autorizzati erano le insegne di grado da braccio per uniformi speciali (*Dienstgradabzeichen an Bekleidung ohne Schulterklappen*), introdotte nell'agosto 1942 ed usate sul vestiario mimetico o per usi speciali.
In realtà le truppe al fronte spesso mostreggiavano completamente le divise speciali da carrista in tela, per cui, accettando la situazione di fatto, gli uffici vestiario prescrissero l'applicazione di *Litzen* generiche e aquila da petto in fabbrica, concedendo inoltre l'uso di insegne e distintivi specifici e il fregiarsi di decorazioni.

Lo Stab *di un* Panzer-Regiment *in Russia.*

La mostra tematica
"Achtung Panzer!"

Feldjacke Panzertruppe, *2° modello, e giacca* M 42 *modificata in* M 36, *mostreggiata* Panzertruppe, *appartenute all'*Hauptmann *Paul Möllenstedt (Collezione Andrea Lombardi).*

Uniformi appartenute all'Oberleutnant Paul Möllenstedt

Giovane Ufficiale della Riserva, Paul Möllenstedt fu assegnato all'inizio della guerra a un reparto del Genio, per poi passare all'Artiglieria. Nel 1941/1942 fu trasferito alla *Panzertruppe*, nel *Panzer-Regiment 204* della *22. Panzer-Division*, unità appena formata. Combatté quindi in Russia, venendo ferito gravemente presso la località di Arma Eli (v. cartina) punto focale dei durissimi combattimenti per la penisola di Kerch, l'11 maggio 1942, e gli sarà amputato il braccio sinistro. Dal diario di guerra dell'unità:

L'11 maggio [...] quarto giorno dell'attacco, alle 07.00 l'*Hauptmann* Kettenhacker segnalò un attacco di un forte gruppo di carri armati nemici, circa 30-40 *T 34/76* e *KV 1* contro le posizioni del *Pz. Rgt. 204* [...] alle 08.30 molti carri nemici erano stati distrutti e le linee erano saldamente nelle nostre mani. [...] Alle 16.50 l'*Oberst* Rodt segnalava alla radio "Le nostre punte avanzate sono giunte sulla costa del Mare d'Azov!" Nel rapporto serale dell'11 maggio veniva comunicato tra l'altro: "Costa raggiunta. 41 carri armati nemici distrutti, 15-20 cannoni e molte armi da fuoco catturati!" [...] Un grande successo per la giovane *Panzer-Division*, anche se ottenuto a prezzo di molte, sanguinose perdite, e costato al *Pz. Rgt. 204* la perdita di numerosi validi Ufficiali e Sottufficiali.

Dopo la convalescenza Paul Möllenstedt, insignito della Croce di Ferro di 2ª Classe, del *Krimschild* e del Distintivo da ferito, fu assegnato ad una unità d'addestramento e rimpiazzi, il *Panzer-Ersatz-Abteilung 10*; le due uniformi risalgono evidentemente a questo periodo, v. le cifre sulle spalline della *Panzerjacke*, che Möllenstedt indossa anche nella fotografia sopra riprodotta. Caratteristica unica delle due giacche è la modifica con una imbottitura all'interno della spalla sinistra per adattarle alla mutilazione, e per la stessa ragione alla *Panzerjacke* è stato anche spostato il colletto, scucendolo e ricucendolo a mano. Möllenstedt chiederà quindi di ritornare in servizio in prima linea, nonostante la sua grave mutilazione: il giovane Ufficiale cadrà il 15 agosto 1944 in Lituania, al comando di una compagnia blindata esplorante alle dipendenze del *Generalkommando Rothkirch*, durante l'offensiva sovietica verso Riga.

Ambedue le giacche provengono dalla famiglia del Caduto, ed erano nella collezione del ricercatore e collezionista Robert Edwards.

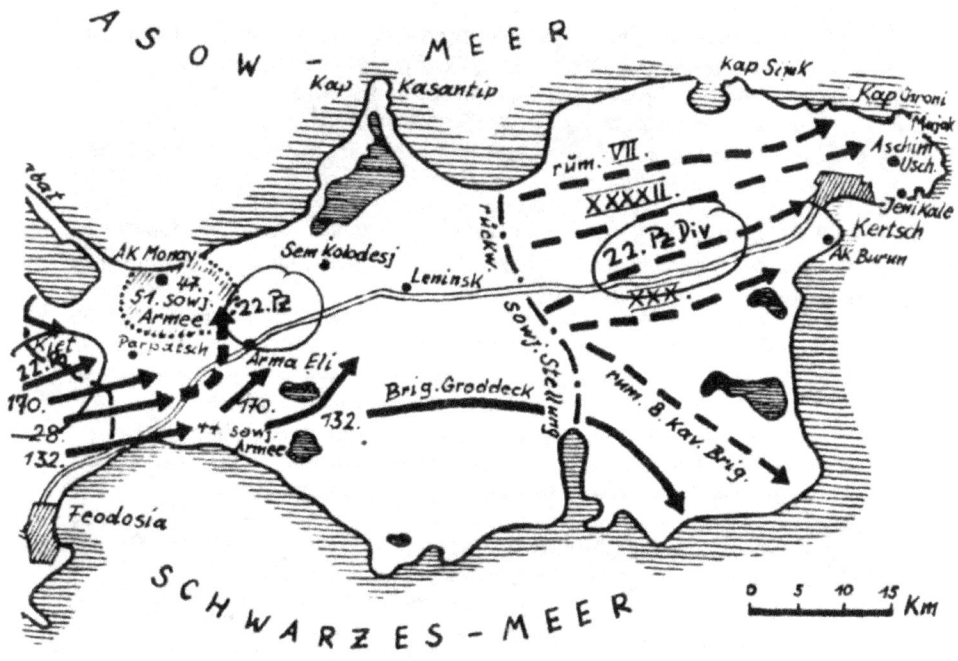

Le operazioni della 22. Panzer-Division *a Kerch, maggio 1942.*

Un Panzerkampfwagen 38 (t) *in Russia, 1941. Un carro di questo tipo, in dotazione al* Panzer-Regiment 204 *della* 22. Panzer-Division, *fu il mezzo sul quale Möllenstedt fu ferito in Crimea nel 1942 (*Bundesarchiv, *d'ora in poi BA).*

Un reparto di un Auklärungs-Abteilung *in sosta, Russia 1943. Al centro della foto, tra gli* Sd.Kfz. 250, *si notano alcune* Panzerspähfunkwagen *e* Panzerspähwagen. *Möllenstedt comandava un Plotone di questi ultimi mezzi al momento della sua morte in combattimento nel 1944 in Lituania (BA).*

Feldjacke Panzertruppe, *2° modello (Collezione Andrea Lombardi).*

Sonderbekleidung Panzertruppe, *2° modello (Collezione Andrea Lombardi).*

Feldjacke Panzertruppe, *2° modello (Collezione Andrea Lombardi).*

Giacca M 42 modificata in M 36, mostreggiata Panzertruppe *(Collezione Andrea Lombardi)*.

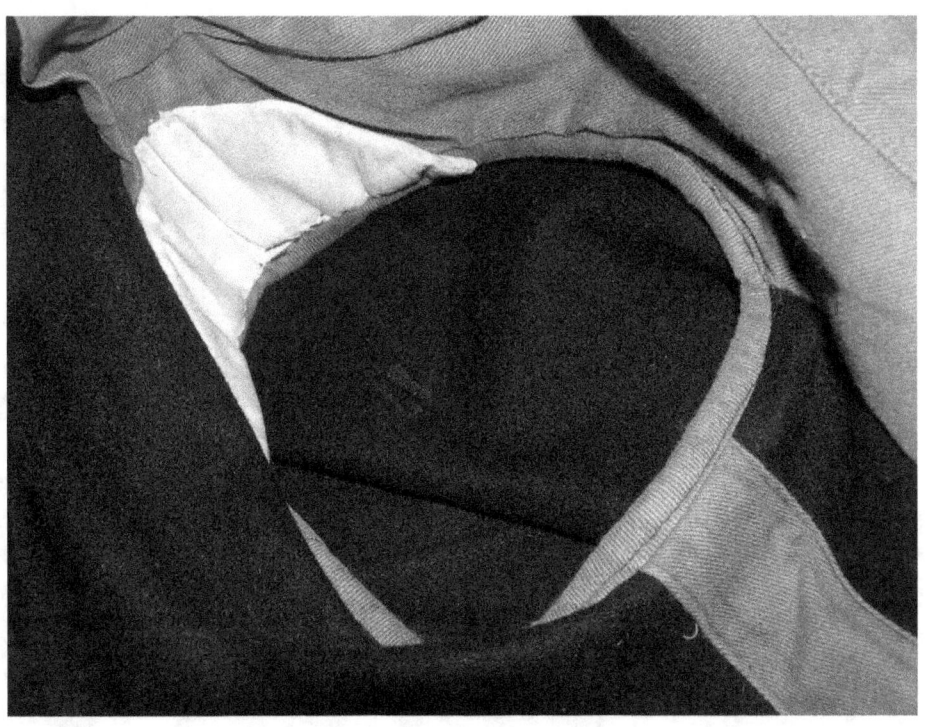

Le imbottiture nell'interno spalla sinistra delle giacche, necessarie per adattarle alla mutilazione.

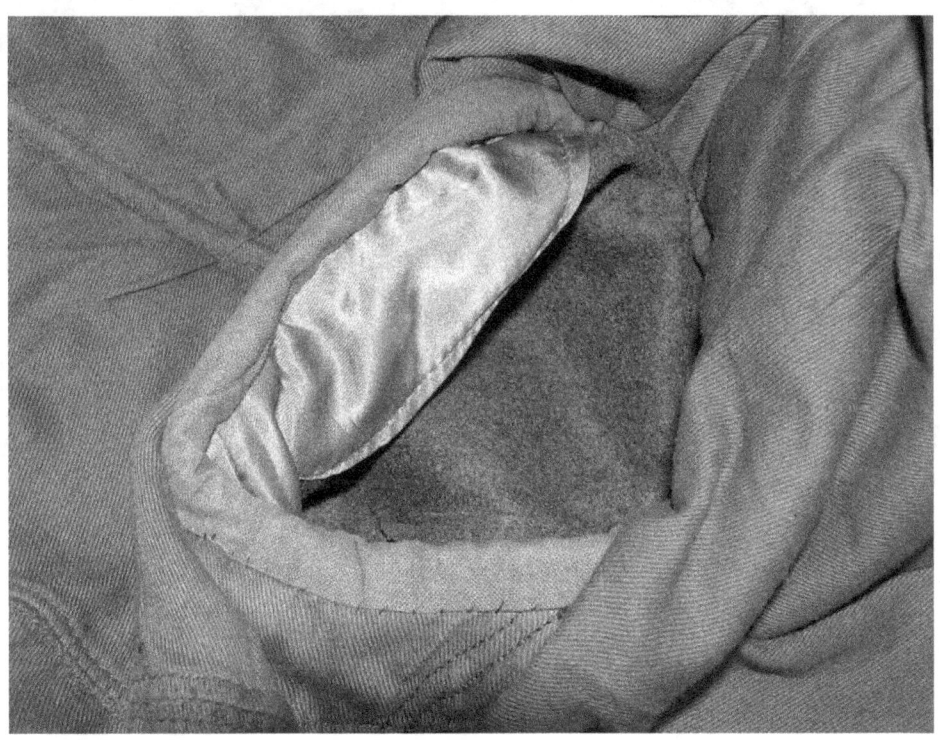

Feldjacke Panzertruppe (Panzer-Aufklärungs), *2° modello (Collezione Andrea Lombardi)*.

Panzerjacke secondo modello

La giacca profilata, confezionata prima del 1940, ha colletto, spalline e mostrine (con *Totenkopf* con naso a forma di cuore rovesciato) profilate in panno rosa, spalline con "A" gotica in filo rosa identificanti un reparto *Panzer-Aufklärungs* (Reparto Esplorante Corazzato), come da regolamento del 25 marzo 1943 (il rosa sostituiva il *Waffenfarbe* giallo-oro). I passanti sostituivano i numeri/lettere intessuti o metallici sulle spalline per ragioni di sicurezza e economia. L'aquila da petto è intessuta a macchina in filo bianco.

La giacca, pubblicata nel libro *Army Panzer Uniforms in Colour Photographs*, apparteneva al ricercatore e collezionista Wade Krawczyk.

Colonna di mezzi esploranti della Panzergrenadier-Division "Grossdeutschland". *Russia 1943 (BA).*

Feldjacke Panzertruppe (Panzer-Aufklärungs), *2° modello (Collezione Andrea Lombardi).*

Feldajcke Panzertruppe (Panzer-Aufklärungs), 2° modello (Collezione Andrea Lombardi).

Una immagine simbolo della Blitzkrieg: *un giovane carrista di un Pz.Kf.Wg. 38 (t) posa fiero accanto al suo carro durante la Campagna di Francia (BA).*

Un altro mezzo protagonista degli anni delle vittorie della Panzerwaffe: *un Pz.Kf.Wg. III in Russia (BA).*

L'Oberleutnant der Reserve *Wilhelm Knauth, dello* schwere Panzer-Abteilung 505 *a bordo del suo* Tiger. Notare la *Panzerjacke* primo modello, senza asole sul bavero e corrispondenti bottoni *(BA)*.

Settembre 1942. Nell'immensa pianura russa un Panzerkampfwagen III *è sorvolato da uno* Stuka *(BA).*

Feldjacke Panzertruppe, 3° modello, profilatura aggiunta (Collezione privata).

Feldjacke Panzertruppe, *3° modello, profilatura aggiunta (Collezione privata).*

Panzerkampfwagen II e IV *del* Panzer-Regiment 6 *in Russia. Sotto, un carro comando* Panzerbefehlswagen III.

Interessante foto di un Oberleutnant *del* Panzer-Regiment 6: *notare la tuta in tela, mostreggiata con le* Litzen *caricate da* Totenkopf. *Sotto, un* Panzerkampfagen III Ausf. L *dello stesso Reggimento supera una isba in fiamme.*

Orel, luglio 1943. Una coppia di carri pesanti Tiger *avanza in formazione tattica (BA).*

Inverno 1943/1944. Una colonna di Panzerkampfwagen IV Ausf. H *sul fronte Orientale (BA).*

Un Panzerkampfwagen V Panther *della "Grossdeutschland" all'attacco in Russia, 1944 (BA).*

Un Panther *in agguato in Italia, 1944. Notare il tentativo di mimetizzare il mezzo dall'osservazione aerea (BA).*

Il Panzerkampfwagen VI Auf. B Tiger II. *Pochi anni di guerra avevano portato i mezzi della* Panzerwaffe *dalle 5 tonnellate e due mitragliatrici da 7.92 mm del* Panzerkampfwagen I *alle 68 tonnellate e al cannone da 88/71 del* Tiger II, *capace di distruggere la maggior parte dei carri avversari a distanze superiori ai 2 km (BA).*

Testa di ponte di Nettuno, 1944. Servizio funebre per l'Oberst Joahnnes Kümmel, decorato della Ritterkreuz mit Eichenlaub *e veterano dell'*Afrikakorps, *morto in un incidente stradale il 26 febbraio 1944 presso Velletri (BA).*

Questo giovane capocarro di un Pz.Kf.Wg. IV Ausf. H indossa una Panzerjacke *3° modello e i pantaloni imbottiti invernali (BA).*

Sonderbekleidung Panzertruppe, *3° modello (Collezione Andrea Lombardi).*

Sonderbekleidung Panzertruppe, *3° modello (Collezione Andrea Lombardi)*.

L'equipaggio di uno StuG *con la poco comune* Sonderbekleidung *in panno nero della* Sturmartillerie; *adottata per breve tempo prima dell'adozione della* Sonderbekleidung *in panno Feldgrau, fu poi usata principalmente nelle Scuole d'Artiglieria della Sturmartillerie (Jüterbog, Burg...) e come divisa da libera uscita e presentazione, anche se vi è evidenza fotografica del suo uso sporadico sul campo sino a fine guerra (vedi foto sotto, ritraente* Sturmartilleristen *della* Sturmgeschütz-Brigade 276 *nel maggio 1944).*

Sonderbekleidung Sturmartillerie *in panno nero (Collezione Andrea Lombardi). Notare il Ver-wundeten-Abzeichen* traforato e cucito sulla giacca.

*Bella foto dell'*Hauptmann *Günther Schmitz del* Panzerpionier-Bataillon 16. *Notare, oltre il Wa-ffenfarbe delle mostrine e della profilatura della* Panzerjacke, *peraltro del taglio usato dalle* Waffen-SS, *la* EK I, *la* Nähkampfspange in Silber, *il* Panzerkampfabzeichen in Silber, *e i nastrini della* EK II *e della* Ostmedaille *(Günther Schmitz via Robert Edwards e Michael Pruett).*

Un Panzerjäger Marder III, *armato di pezzo di preda bellica* PAK 7.62 cm (r) *in azione sul fronte russo (BA).*

Vista del vano di combattimento di un Marder II *(PAK 40/2 da 7.5 cm) in Italia (BA).*

Francia, 1944. Bella foto di un carrista di Jagdpanther *indossante una tenuta protettiva* Drillich *completa di* Litzen *con* Totenkopf *e di spalline (BA).*

Russia meridionale, agosto 1942. Interessante fotografia ritraente un gruppo di carristi, tutti indossanti la tuta per equipaggi di Panzer *di origine cecoslovacca, usata prima dell'adozione delle tenute speciali in* Drillich e Denim *di produzione tedesca (BA).*

Normandia 1944. Due Ufficiali studiano gli ultimi dettagli prima di un'operazione. Il carrista sulla destra indossa una Sonderbekleidung *protettiva in tela (BA).*

Il Major *Martin Buhr, Comandante dello* Sturmgeschütz-Abteilung 202 *e decorato della* Ritterkreuz *l'11 settembre 1943 per la distruzione di 29 carri armati nemici studia una carta con il suo equipaggio (BA). Notare gli anelli dipinti intorno alla canna dello* Sturmkanone 40, *indicanti i mezzi corazzati nemici distrutti, e la corazzatura imbullonata (BA).*

Sonderbekleidung Sturmartillerie *(Collezione Luca Ongaro)*.

Sonderbekleidung Sturmartillerie *(Collezione Luca Ongaro)*.

Normandia 1944. Un sorridente Capopezzo, decorato della Ritterkreuz, *dopo una riuscita azione.*

Sonderbekleidung Sturmartillerie *in panno* doeskin *(Collezione Luca Ongaro)*.

Due Sturmgeschütz III *dotati di pezzo da 75/24 in azione.*

Uno StuG III *supera un corso d'acqua. Notare la* Reichsflagge *per l'identificazione aerea.*

Con il proseguire della guerra e l'adozione dello Sturmkanone 40, *il ruolo dello* StuG *fu sempre più quello del cacciacarri, a discapito della sua missione originaria di accompagnamento della fanteria.*

Come evidente in questa foto, ritraente l'equipaggio di un obice semovente da 15 cm Sd.Kfz. 165 Hummel, *anche l'artiglieria semovente (*Panzer-Artillerie*) impiegavano le* Sonderbekleidung *concepite per la* Sturmartillerie *(BA).*

Questo Capopezzo di uno StuG III *dello* Sturmgeschütz-Abteilung 667 *indossa la* Sonderbekleidung *della* Sturmartillerie *con le* Litzen *senza* Totenkopf *(BA)*.

Tenute della Sturmartillerie *e della* Nachrichtentruppe.

Sonderbekleidung Sturmartillerie, con *passanti da spallina dello* Sturmgeschütz-Abteilung 239. *Notare i binocoli* Hensoldt Dienstglas 10x50, *con reticolo (Collezione Andrea Lombardi)*.

Tenuta protettiva (Schutzanzug) 2° modello, riconoscibile per la capiente tasca frontale, in tela Drillich "verde canneto", molto usata dagli equipaggi Panzer, StuG e Panzerjäger, qui mostreggiata di fabbrica con Litzen generiche e aquila BeVo sul lato destro, e con spalline da Unteroffizier Artillerie (collezione Andrea Lombardi).

Sonderbekleidung Panzer-Nachrichten *(Collezione Andrea Lombardi)*.

Nella foto sopra, un Feldwebel *con la* Sonderbekleidung Drillich *2° modello, mostreggiata con le* Litzen *in panno nero con* Totenkopf *e i gradi da manica a bassa visibilità. Si nota il taglio piuttosto largo del capo, concepito per essere indossato sopra la tenuta in panno (BA). Nella foto sotto, il carrista della* Panzer-Regiment "Grossdeutschland" *al centro indossa la tenuta in* Denim *ritratta a pag. 67, mentre gli altri due indossano la* Sonderbekleidung *in* Drillich *(Martin Kampmann via Robert Edwards e Michael Pruett).*

Notare il distintivo da Funker *sulla manica della* Feldjacke *in panno nero del Radiotelegrafista al centro della foto (BA).*

I mezzi corazzati dei Panzerpioniere *includevano gli* Sd.Kfz. 251/16 *lanciafiamme (foto sopra) e gli* Sd.Kfz. 251/7 mittlere Pionierpanzerwagen *(sotto), oltre che i* Pz.Kf. Wg. I, II *e* III Ladungsleger *posa cariche da demolizione, i* Brückenleger IV *gettaponte, etc. (BA).*

L'Sd.Kfz. 251/1 Wurfrahmen 40 "Stuka zu fuss", *altro mezzo dell'arsenale dei* Panzerpioniere, *armato di razzi da 28 cm ad alto esplosivo e da 32 cm incendiari, dalla gittata di 1.9 e 2.2 Km rispettivamente.*

I reparti della Panzer-Polizei *impiegavano usualmente nel presidio del territorio e nelle operazioni di controguerriglia dei corazzati di preda bellica, come i mezzi francesi (foto sopra) e italiani (sotto) ritratti nelle fotografie di questa pagina (BA).*

Sonderbekleidung Panzer-Polizei *(Collezione Luca Ongaro)*.

Sonderbekleidung Panzer-Polizei; *notare il distintivo da* Funker *(Collezione Luca Ongaro)*.

Bella foto di un carrista della "Hermann Göring" su un sidecar BMW R75.

Prussia Orientale, ottobre 1944. Il Major Hans Briesel a colloquio con il Major Karl Rossmann, comandante il Fallschirm-Panzer-Regiment "Hermann Göring".

Sonderbekleidung "Hermann Göring" *(Collezione Luca Ongaro).*

Sonderbekleidung "Hermann Göring" *(Collezione Luca Ongaro).*

La tradizione della Panzerwaffe: *Colbacco da Sottufficiale degli "Ussari della morte" (Collezione privata).*

"Ussaro della morte" del 1. Leib-Husaren-Regiment, *1813-1817*.
La costituzione *del 5° Leib-Husaren-Regiment risale al 1741. La* Totenkopf, *emblema del 5° Leib-Husaren-Regiment di Danzica (dal 1808 1. e 2. Leib-Husaren-Regiment) e del Husaren-Regiment Nr. 17 di Braunschweig, e il coraggio dimostrato in numerose battaglie, portò al nome di "Ussari della morte".*

Il Kaiser Guglielmo II a Danzica il 14 settembre 1901.

Schutzmütze Panzertruppe *e* Schiffchen Panzer-Artillerie *(Collezione Giorgio Bussano)*.

Lo Schutzmütze *in uso tra gli equipaggi di questi* Panzerkampfwagen I *ritratti durante la Campagna di Polonia (foto sopra) e Francia (sotto) (BA).*

Carristi di una unità di Panzerkampfagen IV Ausf. H. *Notare le* Schiffchen *e gli* Einheitsfeldmütze M 43 *(BA).*

Italia, 1944. Bella foto di un Capocarro di un Panther *indossante la* Schiffchen *da Ufficiale (BA).*

Kursk, luglio 1943. L'equipaggio di un Tiger, *indossante* Schiffchen *da Sottufficiali e Truppa, osserva l'impatto di un colpo nemico sul proprio mezzo (BA).*

Fronte Orientale, 1944. Notare la varietà di copricapo di questi sorridenti Panzermanner *sul loro* Panther *(BA).*

Einheitsmütze M 43 Panzertruppe *da Ufficiale Generale (Collezione Giorgio Bussano)*.

Einheitsmütze M 43 Panzertruppe *(Collezione Giorgio Bussano)*.

Einheitsmütze *e* Schiffchen Panzertruppe, Panzer-Nachrichten *e* Panzer-Aufklärer. *Notare la* Schiffchen *con la* Schwedter Adler, *emblema tradizionale dei Dragoni di cui fu concesso di fregiarsi al* Kradschützen-Bataillon 3 *(poi Panzer-Aufklärungs-Abteilung 3) della* 3. Panzer-Division *(Collezione Luca Ongaro e Andrea Lombardi).*

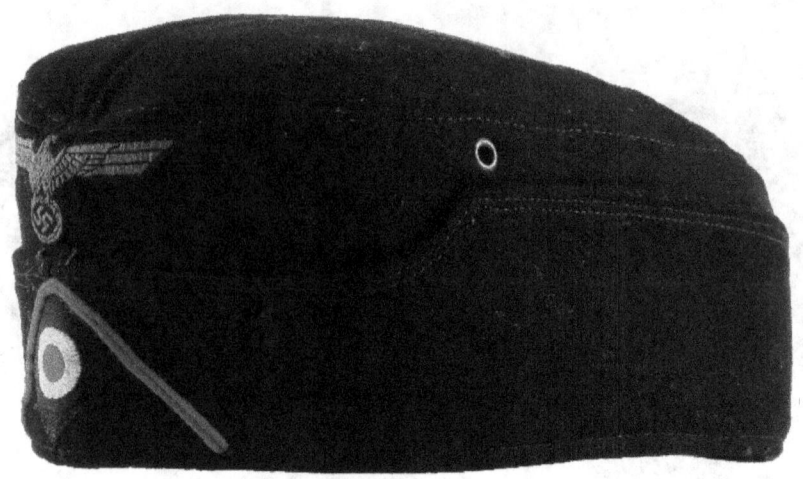

Bustina Panzer *nera con* Waffenfarbe *rosso Artillerie, impiegata a inizio guerra dagli equipaggi degli* StuG *(collezione Andrea Lombardi).*

Notare il distintivo della 116. Panzer-Division "Windhund" *sullo* Schirmmütze *da Ufficiale (Collezione Giorgio Bussano).*

Le moto in esposizione: BMW R 75 *(Collezione Luca Ongaro) e* Zündapp KS 750.

L'esposizione, affollata da un numeroso pubblico di appassionati e collezionisti.

I comandanti della Panzertruppe*

---

* Le schede di seguito riportate riproducono quelle esposte a corredo della mostra tematica, e sono tratte da A. Lombardi, *I decorati con la Croce di Cavaliere con Fronde di Quercia e Spade* (2 voll.), Effepi, Genova 2008.

General der Panzertruppe
Hermann Balck

Nato il 7 dicembre 1893 a Danzig-Langfuhr e morto il 29 novembre 1992 ad Erbenbach-Rockenau.

Ritterkreuz des Eisernes Kreuz (53) il 3 giugno 1940 quale *Oberstleutnant* e Comandante dello *Schützen-Regiment 1, 1. Panzer-Division*. L'*Oberstleutnant* Balck riuscì nello sfondamento presso la località di Martelange. Il suo fu il primo Reggimento sul Maas, in seguito combatté a Chanery-Omont. Il bottino di guerra fu di oltre mille prigionieri e trenta cannoni. Partecipò quindi alla Campagna di Grecia quale Comandante del *Panzer-Regiment 3* e quindi della *2. Panzer-Brigade*. Nel luglio 1941 fu assegnato all'Ispettorato della *Panzertruppe* presso l'*OKH*.

Eichenlaub (25) il 4 marzo 1942 quale *Generalmajor* e Comandante della *11. Panzer-Division*. Assegnategli per aver mantenuto la linea del Chir. La *11. Panzer-Division* annientò, uno dopo l'altro, tutti i Corpi d'Armata della *5ª Armata corazzata* sovietica. Durante i combattimenti nell'ansa di Sukhinichi, la *11. Panzer-Division* distrusse novantuno carri armati nemici in un giorno, un record difficilmente eguagliabile. Balck diede prova della sua fermezza e del suo coraggio fisico il 4 luglio 1942, quando diciassette *T-34* riuscirono a penetrare nel fianco della Divisione, e ad arrivare al posto di comando Divisionale. In questo frangente Balck, comandando in maniera decisamente inusuale, diresse l'intervento di alcuni *Panzer* giunti all'ultimo momento, stando in piedi sul tetto del proprio torpedone-comando, e dirigendone le manovre, che culminarono nella distruzione di tutti i carri avversari. D'altronde, Balck comandava spesso i suoi *Panzer* da bordo della sua *Kübelwagen*, dicendo talvolta al suo autista di avventurarsi tra i reparti di *T-34*, sulla base della sua convinzione che la scarsa visibilità a corto raggio dei mezzi corazzati nemici lo rendeva sicuro (!).

Schwerter (25) il 4 marzo 1943 quale *Generalleutnant* e Comandante della *11. Panzer-Division*. Il 17 dicembre 1942 la *11. Panzer-Division* fu spostata nell'area di Stalingrado, distinguendosi nei combattimenti ed essendo citata nel *Wehrmachtbericht* del 20 dicembre. Durante la controffensiva di von Manstein a Kharkov, Balck ottenne le *Schwerter* per aver sconfitto l'*Armata d'assalto Popov* nell'area di

Barvenkovo. Trasferito nell'area di Salerno, al comando del *XIV Panzerkorps*, Balck rimase gravemente ferito nello schianto del *Fieseler Storch* sul quale viaggiava. Rimessosi dalle ferite, il primo novembre 1943 fu nominato comandante del *XXXXVIII Panzerkorps*, conducendolo nelle battaglie difensive di Kiev, Zhitomir e Brusilov, dove il suo *Panzerkorps* inflisse dure perdite a due Armate sovietiche. Durante queste battaglie, i sovietici persero 20.000 caduti, 4.800 prigionieri, 603 carri armati, 300 pezzi d'artiglieria e 1.200 cannoni controcarro.

Brillanten (19) il 31 agosto 1944 quale *General der Panzertruppe* e Comandante facente funzione della *4. Panzer-Armee*. Il *General der Panzertruppe* Balck ottenne un rilevante successo nel primo scontro difensivo sulla Vistola, comandando dalla prima linea le sue truppe e infliggendo gravi perdite alle unità sovietiche avanzanti a Baranov. Trasferito sul fronte Occidentale, e nominato comandante dell'*Heeresgruppe G*, Balck riuscì ad ostacolare l'attacco americano verso Metz, condotto l'otto novembre 1944 da Patton con l'appoggio di settecento carri armati tra Belfort e il Lussemburgo. Nonostante i tedeschi potessero contare solo trenta carri armati, e la totale superiorità aerea e d'artiglieria Alleata, l'avanzata americana fu di solo venticinque chilometri in otto giorni. Gli americani persero circa duecento carri armati grazie alla flessibile difesa e ai campi minati predisposti da Balck, e alla resistenza della *Festung Metz*. Nuovamente inviato sul fronte Orientale, Balck comandò in Ungheria la *6. Armee* e la *1ª* e *3ª Armata* ungherese. Balck guidò le sue truppe nei combattimenti vicino a Budapest, e ad est di Graz, dove la *Wehrmacht* riuscì per l'ultima volta ad accerchiare alcune Divisioni sovietiche, e a distruggerle. Quindi fece ripiegare le sue unità in Stiria, dove si arresero agli americani, grazie a degli accordi personali intercorsi tra Balck e il Generale statunitense McBride. Balck fu sicuramente uno dei migliori comandanti di truppe mobili tedesche, d'altra parte fu però uno dei responsabili della decisione – rivelatasi tragicamente errata – di costituire una piazzaforte a Tarnopol, durante l'offensiva sovietica in Ucraina nel 1944, iniziativa che non ostacolò l'avanzata nemica, e che condannò la guarnigione della *Festung* alla distruzione, e parimenti fallì nel prestare soccorso alle truppe tedesche accerchiate a Brody. Dopo la guerra, Balck fu posto sotto processo per aver fatto passare per le armi, il 28 novembre 1944, l'*Oberstleutnant* Johann Schottke, che nonostante il vitale ruolo di *Artillerie-Kommandeur*, era stato trovato completamente ubriaco alla vigilia di un attacco nemico. Condannato a tre anni di reclusione, fu scarcerato dopo diciotto mesi. Dopo diversi lavori, ebbe successo come consulente economico, molto attivo nel campo dei collegamenti aerei dal Sudafrica all'Europa, collaborando con il *General* von Mellenthin, suo passato Capo di Stato Maggiore.

Generalleutnant
Fritz Bayerlein

Nato il 14 gennaio 1899 a Würzburg e morto il 30 gennaio 1970 a Würzburg.

Ritterkreuz des Eisernes Kreuz (764) il 26 dicembre 1941 quale *Oberstleutnant i.G.* e *Chef des Stabes Deutsche Afrika Korps*. Nel 1939 Bayerlein fu assegnato allo Stab della *10. Panzer-Division*, che sarà impiegata nelle Campagne di Polonia e Francia. Quindi fu assegnato quale Capo di Stato Maggiore del *Panzergruppe 2*, comandato dal Generaloberst Guderian. Bayerlein combattè quindi nelle prime fasi dell'*Operazione Barbarossa*, sino alle battaglie d'accerchiamento in Ucraina, condotte conseguentemente ad una decisione irrevocabile di Adolf Hitler, presa nonostante il parere contrario di Guderian e Bayerlein, che avrebbero voluto continuare senza interruzioni l'avanzata verso Mosca. In seguito, Bayerlein fu assegnato all'*AfrikaKorps*, e il 5 ottobre 1941 fu nominato *Oberstleutnant* presso lo *Stab* del *DAK*. La *Ritterkreuz des Eisernes Kreuz* gli fu assegnata per le sue qualità di leader, decisive negli scontri in Nordafrica, in special modo nelle battaglie del novembre 1941 nella zona di Sidi Rezegh e durante il ripiegamento in direzione di El Agheila.

Eichenlaub (258) il 6 luglio 1943 quale *Generalmajor* e *Deutscher Chef des Stabes* presso la *1ª Armata* italiana. Bayerlein pianificò quindi assieme a Rommel la serie di offensive e controffensive che portarono il *DAK* e le unità italiane sino a El Alamein. Quindi coordinò i combattimenti di ripiegamento sino in Tunisia, e i combattimenti successivi. Poco prima della capitolazione delle forze italo-tedesche in Tunisia, fu evacuato in Italia per via aerea a causa di una recrudescenza di reumatismi e epatite, malattie da lui contratte in Africa. La *1ª Armata* italiana, presso la quale Bayerlein era stato assegnato, fu così ricordata dal bollettino di guerra del 13 maggio 1943:

La Prima Armata italiana, cui è toccato l'onore dell'ultima resistenza dell'Asse in terra d'Africa, ha cessato stamane, per ordine del Duce, il combattimento. Sottoposta all'azione concentrica ed ininterrotta di tutte le forze angloamericane terrestri ed aeree, esaurite le munizioni, priva ormai di ogni rifornimento, essa aveva ancora ieri validamente sostenuto, con il solo valore delle sue fanterie, l'urto nemico. È così finita la battaglia africana durata, con vicende alterne, 35 mesi.

Bayerlein fu decorato delle *Eichenlaub* per il suo coraggio personale, per le qualità di comandante e la prontezza d'azione mostrate nelle situazioni di grave crisi in Nordafrica, e per aver dimostrato una piena padronanza di tutte le questioni inerenti l'organizzazione, la formazione e la direzione di reparti corazzati.

Schwerter (81) il 20 luglio 1944 quale *Generalleutnant* e Comandante della *Panzer-Lehr-Division*. Bayerlein fu quindi assegnato quale Capo di Stato Maggiore del General der Panzertruppe Hube, e il 25 ottobre 1943 fu nominato comandante della 3. *Panzer-Division*, guidandola a Kharkov, Novo Ivanovka, Poltava e sul Dnieper. Il 10 gennaio 1944 gli fu dato il comando della *Panzer-Lehr-Division*, sovrintendendone la formazione e l'addestramento e conducendola negli scontri in Normandia. Per la direzione della *Panzer-Lehr-Division* sul fronte dell'Invasione, condotta dimostrando un grande valore personale, Bayerlein fu insignito delle *Schwerter*.

La Divisione aveva subito delle gravissime perdite nel tentativo di bloccare l'avanzata Alleata, difendendo Caen nei settori di Tilly-sur-Seulles e Lingèvres, e specialmente durante l'*Operazione Cobra*, lo sfondamento americano a St. Lô, quando le restanti forze della *Panzer-Lehr* furono colpite, il 25 luglio 1944, da un massiccio bombardamento, eseguito da 1.800 bombardieri pesanti, 396 medi e 350 cacciabombardieri, che sganciarono 4.200 tonnellate di bombe e *napalm*, e da 1.000 pezzi d'artiglieria. La *Panzer-Lehr* fu praticamente annientata, anche se i pochi superstiti riuscirono a rallentare l'avanzata avversaria per qualche tempo con le poche armi pesanti e i *Panzer* rimasti indenni, come ad est di La Chapelle-en-Juger, dove ai due Battaglioni della 4th *US Infantry Division* attaccanti la località furono necessari non meno di diciotto *Sherman* per aver ragione della resistenza di un pugno di *Panzergrenadiere* e di due *Jagdpanzer* della *Panzer-Lehr-Division*. Oppure lungo la strada per Saint-Gilles, dove un caposaldo tenuto da alcuni *Grenadiere* del *Panzer-Grenadier-Regiment 902*, assieme a tre *Panther*, tenne testa agli attacchi di tre Compagnie prima, e di un intero Battaglione poi, della 30th *US Infantry Division*, appoggiati da numerosi corazzati. Due attacchi falliranno, con la perdita di diversi *Sherman*, prima della distruzione dell'ultimo *Panzerkampfwagen V*. Solo allora il caposaldo cadrà in mano americana. La situazione disperata della Divisione durante *Cobra* è ben esposta da un famoso incontro, quello tra un Ufficiale di collegamento e Bayerlein, quando, agli ordini di resistere comunicati dal primo, Bayerlein replicò, con lucida e misurata rabbia, in mezzo al cupo silenzio dei presenti nel posto di comando della *Panzer-Lehr*:
Herr Oberstleutnant, lei può essere sicuro che tutti terranno le posizioni. I miei *Grenadiere* resisteranno nelle loro trincee, come anche i miei *Pioniere*, e i miei *Panzerjäger*. Tutti terranno. Nessuno abbandonerà le sue posizioni. Essi stanno nelle loro buche individuali, leali e silenziosi... perché sono tutti morti, ha capito? Voi informerete da parte mia il *Generalfeldmarschall* che la *Panzer-Lehr* non esiste più, che essa è stata annientata, ma che i suoi morti possono ancora tenere, e che io resisterò con loro sino alla fine, poichè questi sono i suoi ordini.

Bayerlein, con alcuni carri armati frettolosamente riparati dall'Officina riparazioni Divisionale, e impiegando tutto il personale dello *Stab* e delle salmerie, riuscì a riunire ciò che restava della *Panzer-Lehr* a sud di Canisy. I suoi resti furono riuniti alla *"Das Reich"*, con la quale combattè a Falaise. A settembre, la *1. Panzer-Armee* avrà ai suoi ordini i superstiti della Divisione: cinque carri armati, sei pezzi d'artiglieria e un Battaglione di *Panzergrenadiere*. All'inizio degli scontri in Normandia, la *Panzer-Lehr* contava su 109 *Panzer*, 40 *StuG*, 612 blindati e 14.000 uomini. La Divisione fu ricostituita a Heilbronn e Paderborn, e impiegata nell'offensiva delle Ardenne, raggiungendo St. Hubert, e pertanto essendo la Divisione tedesca che aveva effettuato la penetrazione più profonda nello schieramento avversario. Durante il ripiegamento delle forze tedesche dopo il fallimento di *Wacht am Rhein*, la *Panzer-Lehr* subì nuovamente gravi perdite. Il 15 gennaio 1945, Bayerlein cedeva il comando della Divisione a Horst Niemack, e fu nominato Generale Comandante del *LIII. Armee-Korps*, che sarà poi accerchiato nella sacca della Ruhr. Dopo altri, duri combattimenti, Bayerlein negozierà la resa della sua unità con gli Alleati, e assieme alle sue truppe, entrò in prigionia. Fu rilasciato il 2 aprile 1947. Tornato alla vita civile, scriverà un gran numero di saggi di storia militare, come anche l'*Hauptmann* Helmut Ritgen, primo comandante del *II./Panzer-Lehr-Regiment*, che scriverà una storia della *Panzer-Lehr-Division* tradotta poi in diverse lingue.

Generaloberst
Hans Hube

Nato il 29 ottobre 1890 a Naumburg an der Saale e morto in un incidente aereo il 21 aprile 1944.

Ritterkreuz des Eisernes Kreuz (405) il primo agosto 1941 quale *Generalmajor* e Comandante della *16. Panzer-Division*. Dopo una breve sosta, senza preoccuparsi delle difficoltà del resto della Divisione, il 7 luglio 1941, alle prime luci del giorno, il *Generalmajor* Hube procedette attraverso Stary-Costantynov, combattè a nordovest della città contro forze nemiche schiaccianti, costituite da carri armati, artiglieria e fanteria e riuscì ad evitare ulteriori attacchi nemici da Stary-Constantynov verso nordovest.

Eichenlaub (62) il 16 gennaio 1942 quale *Generalmajor* e Comandante della *16. Panzer-Division*. Assegnategli per il decisivo contributo nella conquista di Nikolayev e per la battaglia di Kiev, dove furono distrutte due Armate sovietiche.

Schwerter (22) il 21 dicembre 1942 quale *General der Panzertruppe* e Comandante Generale della *XIV Panzerkorps*. Ottenute per l'attacco da lui compiuto con il suo *Panzerkorps* fino al Volga, a nord di Stalingrado e per essersi lì difeso contro i continui contrattacchi delle truppe sovietiche. Il 28 dicembre 1942 Hube fu aviotrasportato via dalla sacca per il conferimento delle *Schwerter*, per poi ritornarvi l'otto gennaio 1943. Il 18 gennaio fu evacuato dalla sacca per ordine diretto di Hitler, contro la volontà di Hube, che accettò per poter pregare nuovamente Hitler di concedere al comando della *6. Armee* l'autorizzazione a tentare uno sfondamento verso le linee tedesche.

Brillanten (13) il 20 aprile 1944 quale *General der Panzertruppe* e *Oberbefehlsaber* della *1. Panzer-Armee*. Incaricato da Hitler quale responsabile della difesa della Sicilia, Hube creò il *Gruppe Hube*, un'unità a livello d'Armata comprendente dal 17 luglio 1943 tutti i reparti della *Heer* e della *FlAK* presenti sull'isola. Dopo l'inizio dell'*Operazione Husky* il 10 luglio 1943, Hube comandò i combattimenti di ripiegamento tedeschi e organizzò la ritirata verso il continente. Hube aveva preparato una munita linea difensiva, la *Linea Etna* attorno a Messina, che doveva permettere un graduale ripiegamento evacuando nel frattempo grandi parti del *Gruppe Hube* attraverso lo stretto.

Patton iniziò il suo assalto a Troina, che però era il cardine dello schieramento tedesco, e quindi fu difesa di conseguenza. Diversi *End run*, ossia egli assalti anfibi sul fianco tedesco non crearono delle crisi particolari nell'evacuazione in svolgimento. La maggior parte delle forze tedesche riuscirono a attraversare lo stesso, con un consistente complemento di armi ed equipaggiamenti anche pesanti, sfidando con successo, grazie a una massiccia difesa della *FlAK*, i cinquemila aerei schierati dagli Alleati. Hube fu uno degli ultimi ad imbarcarsi, il 17 agosto 1943. Quindi le Divisioni di Hube furono impiegate a Salerno, contenendo la testa di ponte nemica, e causando gravi perdite alla *5th Army* statunitense, nonostante il netto predominio aeronavale Alleato, che prevenì l'eliminazione della testa di ponte. La "liberazione" dei paesi della zona seguì un tragico copione, che gli Alleati rispettarono per tutta la Campagna d'Italia, scatenando il potenziale distruttivo aereo, navale e terrestre contro i centri abitati italiani senza alcun riguardo per la popolazione (anche dopo la *Cobelligeranza* con gli Alleati), e spesso senza alcuna esigenza militare seriamente contingente. I seguenti passi del diario di un Ufficiale inglese del *Field Security Service* commentano la grave situazione della testa di ponte di Salerno, salvata solo dalla supremazia navale e aerea Alleata, e le sofferenze della popolazione italiana:

12 settembre. Oggi, all'improvviso, la guerra si è scatenata. [...] È passata una colonna di carri armati americani diretti verso il campo di battaglia. Sono tornati subito indietro: erano molti di meno, e il modo in cui procedevano - a tutta velocità, zigzagando - dava l'idea del panico. Un carro si è fermato nelle vicinanze, gli uomini dell'equipaggio si sono arrampicati fuori e gettati l'uno nelle braccia dell'altro, in lacrime. Il caos e lo sconcerto si sono diffusi ovunque. Si era sparsa la notizia di uno sfondamento della *16ª Panzer Grenadier* [...]

14 settembre. La battaglia per la testa di sbarco sulla spiaggia è proseguita per venti ore – tutto il giorno e tutta la notte. [...] Alcuni carri armati tedeschi, che scendevano per la lingua di terra tra il Sele e il Calore puntando su Albanella, avevano raggiunto un punto appena fuori dalla nostra visuale [...] dove i grossi calibri delle molte navi da guerra alla fonda poco lontano dalla riva li stavano facendo a pezzi. Ogni volta che le navi sparavano una salva da quindici pollici, le nostre divise sbattevano per lo spostamento d'aria. [...] Intorno alle undici, un nervosissimo Ufficiale americano è piombato qui su una *Jeep* [...] armati con le nostre *Webley 38*, ci è stato ordinato di partecipare alla difesa del Comando dall'assalto di carri *Tigre* e *Mark IV*, che ora stavano avanzando verso di noi. Quello che l'Ufficiale non ci ha detto era che lui e i suoi colleghi se la stavano svignando, abbandonando i loro uomini. A questo punto, tra i soldati americani rimasti indietro si è diffuso il panico assoluto. [...] A tempo debito, la storia ufficiale si metterà all'opera per rivestire di dignità nei limiti del possibile questa parte dell'azione di Salerno. Quello che abbiamo visto noi sono state inettitudine e codardia da parte dei comandi, e come risultato il caos.

4 ottobre. A Battipaglia [...] ho avuto occasione di studiare da vicino gli effetti del bombardamento a tappeto voluto dal Generale Clark. Il Generale è diventato l'angelo sterminatore dell'Italia del Sud, incline al panico, come a Paestum, e poi a reazioni violente e vendicative come quella che ha portato al sacrificio di Altavilla, cancellata dalla faccia della terra perché *forse* nascondeva dei tedeschi. Qui a Battipaglia abbiamo avuto una Guernica italiana, una città trasformata in pochi secondi in un cumulo di macerie. Un vecchio venuto a chiedere la carità ha detto che praticamente nessuno è rimasto in vita, e che i corpi sono ancora sotto le rovine. A giudicare dal fetore, e dalle mosche che sciamavano come un fumo nero dentro e fuori dai buchi del terreno, la cosa appariva del tutto credibile.

Dopo la magistrale direzione delle truppe in Sicilia e nell'area di Salerno, il *General der Panzertruppe* Hube mostrò ancora una volta le sue notevoli qualità di leader i primi di aprile del 1944, quando, trovandosi con la sua *Panzer-Armee* accerchiato nella "sacca vagante" di Kamenets-Podolsk, riuscì ad evitare di essere annientato da diverse Armate sovietiche e svariati Corpi corazzati, attuando uno sfondamento presso Buczacz, attaccando verso ovest, cogliendo di sorpresa Zhukov, che giudicava probabile uno sfondamento verso il Dnestr, a sud. Lo sfondamento ebbe luogo dal 27 marzo al 15 aprile 1944, e oltre ad avere pieno successo, riportando le unità tedesche, con la totalità dei feriti compresi, nelle linee tedesche, la *1. Panzer-Armee* distrusse nel corso dell'operazione 357 carri armati, 42 semoventi e 280 pezzi d'artiglieria sovietici. Nonostante la situazione critica, e grazie alle sua abilità, Hube aveva mantenuto non solo il pieno controllo tattico della situazione, ma, mantenendo costantemente in movimento la sacca in una serie di operazioni offensive, aveva impedito che il morale degli uomini risentisse eccessivamente dello stress e dal senso d'impotenza che incombe sui soldati quando si sanno accerchiati da un nemico preponderante. A vantaggio della *1. Panzer-Armee*, e a svantaggio dei russi, vi era il fatto che tra i subordinati di Hube nella *"wandernder Kessel"* vi erano alcuni tra i migliori comandanti di unità mobili della *Wehrmacht*: Breith, che attaccò verso Kamenets-Podolsk, e von der Chevallerie con Mauss, che, più a nord, avanzarono oltre lo Zbruch e il Seret... Hube era ben a conoscenza di questo, e, a dispetto del momento, trasmise il 28 marzo, nel vivo dell'operazione, il seguente scherzoso messaggio a Mauss:

Chi è che sta vincendo, Breith o Mauss? Chiunque vinca ha in premio tre settimane di licenza!
La tempestiva replica di Mauss fu, ovviamente:

Nessuno sta dietro a Mauss, se ha abbastanza carburante!
Dopo essere stato insignito dei *Brillanten*, Hitler aveva appoggiato la nomina di Hube a *Generaloberst*, ma egli perse la vita il 21 aprile 1944 in un incidente aereo

con un *Heinkel He-111* presso Thundorf, mentre si recava dall'Obersalzberg al fronte. Tra i rottami dell'aereo fu trovato il suo arto artificiale (Hube era rimasto mutilato del braccio sinistro il 20 settembre 1914 vicino a Fontenay) oltre che altri miseri resti, che ricevettero un funerale di Stato. Hube, eccellente tattico, fu anche autore del fortunato libro *Der Infanterist*, edito nel 1925 come tomo di 1.024 pagine, che divenne il manuale base di ogni soldato della *Reichswehr* prima e della *Wehrmacht* poi. In esso era messo in rilievo come l'interesse verso le esigenze dei subordinati fosse il primo dovere del militare, e come tale interesse dà poi frutti, legando gli uomini al proprio superiore, creando spirito di corpo e rendendo coesa l'unità, elementi essenziali nella resa dei singoli componenti del reparto, quando soggetti ai rigori del combattimento. Lo spirito di corpo e la coesione d'unità, oltre la fiducia degli uomini nei propri Ufficiali, furono alcuni dei fattori che portarono la *Wehrmacht* alla grande efficienza dimostrata negli anni di guerra. In altri capitoli era dedicata particolare attenzione all'addestramento sul campo, in condizioni le più vicine a quelle di combattimento, alle tattiche di truppe d'assalto, e alla difesa controcarro e al combattimento ravvicinato dei corazzati, alla quale era dato ampio spazio.

Generalfeldmarschall
Fritz Erich von Manstein

Nato il 24 novembre 1887 a Berlino e morto il 10 giugno 1973 ad Irschenhausen in Baviera.

Ritterkreuz des Eisernes Kreuz (31) il 19 luglio 1940 quale *General der Infanterie* e Generale Comandante il *XXXVIII Armee-Korps*. Alla fine della Campagna di Polonia, che aveva visto von Manstein distinguersi come Capo di Stato Maggiore nell'*Heeresgruppe Süd*, comandato da Gerd von Rundstedt, stendendo il vincente piano operativo per la Campagna assieme a Günther Blumentritt, Hitler ordinò all'*OKH*, guidato dal Generale Franz Halder, di stendere un piano per un attacco contro la Francia e i Paesi Bassi. I diversi piani suggeriti dallo Stato Maggiore furono dati a von Rundstedt e von Manstein, che suggerirono un piano alternativo alla stesura dell'*OKH*, che era criticato, non solo da von Manstein, ma anche da altri giovani Ufficiali, per la sua inabilità a produrre dei risultati strategici, e l'evidente incapacità di utilizzare a fondo le potenzialità dell'arma corazzata. Von Mainstein mise in rilievo che una ripetizione del piano Schlieffen, con l'attacco attraverso il Belgio, era stato previsto dagli Alleati, che avevano già inviato forti reparti in quest'area. Durante l'autunno, von Manstein sviluppò, con la cooperazione di Heinz Guderian, un nuovo piano, che prevedeva l'attacco delle *Panzer-Division* attraverso il terreno collinoso e boscoso delle Ardenne, idea che avrebbe sorpreso l'avversario, che considerava la regione impassabile per Grandi Unità corazzate, raggiungendo e attraversando la Mosa, dirigendosi quindi verso il Canale. Il piano fu soprannominato *Sichelschnitt* (colpo di falce); esso fu respinto dall'*OKW*, ma, leggermente modificato da Halder, fu approvato da Hitler, e messo in atto con successo. Von Manstein fu quindi decorato della *Ritterkreuz* per aver suggerito il piano vincente, e per le veloci puntate offensive e i successi ottenuti dal *XXXVIII Armee-Korps*, da lui comandato, dal 5 al 9 giugno 1940 dalla Somme fino all'Aisne, e in seguito sulla Loira.

Eichenlaub (209) il 14 marzo 1943 quale *Generalfeldmarschall* e *Oberbefehlshaber* dell'*Heeresgruppe Süd*. Nel febbraio del 1941, a von Manstein fu assegnato il comando del *LVI Panzerkorps*, e con quest'unità partecipò all'operazione Barbarossa. Dal 22 al 24 giugno, il *LVI Panzerkorps* avanzò di centosessanta chilometri, catturando i ponti sul Dvina a Dvinsk. Nel settembre 1941, von Manstein fu destinato alla *11. Armee*, che era incaricata del compito di invadere la Crimea e assediare Sebastopoli.

Il primo attacco fu sferrato il 24 settembre 1941 contro l'istmo di Perekop, e dopo i successi iniziali, le successive linee difensive sovietiche furono sfondate definitivamente il 28 ottobre, e le truppe tedesche si lanciarono all'inseguimento, arrivando per il 17 novembre a controllare l'intera Crimea tranne Sebastopoli, dopo aver causato 63.860 perdite ai sovietici. Dopo una prima serie di attacchi, l'assedio di Sebastopoli fu sospeso nel dicembre 1941, a causa dell'inizio dell'inverno e dei contrattacchi russi.

Il 26 e il 30 dicembre 1941, i sovietici sbarcarono a Kerch e Teodosia, forzando von Manstein a distrarre forze da Sebastopoli per contrattaccare gli sbarchi, e la situazione fu ristabilita per la fine di aprile del 1942. L'otto maggio 1942 von Manstein iniziò l'Operazione *Trappenjagd*, impiegando sette Divisioni di Fanteria tra tedesche e rumene e una *Panzer-Division*, che doveva eliminare le forze sovietiche nella penisola di Kerch, che contavano su diciassette Divisioni di fucilieri e divese Brigate indipendenti. Dopo un attacco diversivo a nord, la *11. Armee* attaccò risolutamente a sud, sconfiggendo le unità sovietiche, le quali, alla fine dell'offensiva il 18 maggio, avevano perso 176.566 uomini.

Quindi il 7 giugno 1942 riprese l'assedio di Sebastopoli, con l'impiego del maggior concentramento d'artiglieria eseguito dalla *Wehrmacht* nella seconda guerra mondiale: furono infatti schierati, ben 1.300 pezzi, una concentrazione d'artiglieria mai più raggiunta dai tedeschi nella seconda guerra mondiale. Tra di essi molti erano di calibro massimo, come gli *Haubitze M 1* da 35.5 cm, il *42cm Gamma-Mörser*, il *Karl-Gerät* da 60 cm, e il *"Dora"* da 80 cm. La fortezza russa aveva una guarnigione di 101.238 uomini, ed era dotata di 600 cannoni, tra i quali i cannoni navali da 305 mm dei forti *"Maxim Gorky I"* e *"Maxim Gorky II"*, e di 2.000 mortai. Le fortificazioni si sviluppavano su una prima linea di difesa formata da trinceramenti e fortificazioni campali, protetta da zone estensivamente minate e profonda tre chilometri, quindi su una linea profonda due chilometri, comprendente una dozzina di muniti forti, posti sulle cime rocciose intorno alla baia di Severnaya, e quindi da un'ultima serie di trincee e bunker attorno alla città.

Dopo cinque giorni di bombardamento d'annientamento da parte dell'artiglieria e della *Luftwaffe*, la *11. Armee* lanciò il suo attacco contro Sebastopoli il 7 giugno 1942. Dopo quasi un mese di combattimenti feroci, l'ultimo forte si arrese il 3 luglio 1942. Lo sfondamento decisivo fu ottenuto dalle truppe tedesche e rumene all'estremità sud, e da truppe tedesche sbarcate presso l'estremità nord della *linea Sapun*. Alla fine dei combattimenti, i sovietici avevano perso 80.000 uomini, e i tedeschi 24.000. Anche i rumeni avevano avuto delle perdite gravi, visto che si erano battuti duramente nell'assedio. Von Manstein fu promosso *Generalfeldmarschall*; le truppe impiegate nei combattimenti in Crimea furono insignite a titolo onorifico di uno scudetto da braccio commemorante la Campagna, il *Krimschild*. Alcuni esemplari speciali, tirati in oro, furono conferiti al "Conquistatore di Sebastopoli", von Manstein.

Dopo la caduta di Sebastopoli, von Manstein fu inviato sul fronte di Leningrado, per pianificare l'ennesimo attacco alla città assediata. Ma il 27 agosto 1942 i sovietici condussero una serie d'attacchi preventivi contro la *18. Armee*, sullo stretto saliente ad ovest del Lago Ladoga. Von Manstein dovette quindi guidare le sue forze in una serie di duri scontri, battendo i sovietici nonostante la loro superiorità numerica e infliggendogli più di 60.000 perdite, ma perdendo l'opportunità di forzare le difese di Leningrado. Quindi, il 21 novembre 1942, Adolf Hitler nominò von Manstein quale comandante dell'*Heeresgruppe Don*, incaricandolo di guidare la *4. Panzer-Armee*, comandata da Hoth, nell'Operazione *Wintergewitter*, il tentativo di raggiungere la *6. Armee* accerchiata a Stalingrado. La *6.* e *17. Panzer-Division*, assieme ad altre unità del *LVII Panzerkorps*, riuscirono ad arrivare a quarantotto chilometri da Stalingrado il 20 dicembre, raggiungendo il fiume Aksay. Le poche forze rimaste al *LVII Panzerkorps*, contrattaccate continuamente dai sovietici, assieme al precipitare degli eventi in altre parti del fronte conseguenti all'offensiva russa verso Rostov (Operazione *Saturno*), e al rifiuto di Paulus di tentare uno sfondamento, non permisero di portare a compimento l'operazione, e la *4. Panzer-Armee* dovette unirsi al ripiegamento generale. Per gli inizi di febbraio, le forze tedesche iniziarono a raggrupparsi, e von *Manstein* prese il comando del ricostituito *Heeresgruppe Süd*. Il 21 febbraio 1943 von Manstein lanciò una controffensiva sul fianco dell'asse d'avanzata sovietico; quest'operazione rappresenta una delle azioni a livello operazionale meglio riuscite della storia della guerra, vista anche che la controffensiva fu iniziata nonostante la netta inferiorità numerica delle truppe tedesche:

Dopo aver conquistato Kharkov, i russi concentrarono le loro attese sulla *1ª Armata corazzata*, forte di 145 *T-34* e altri 267 carri in riserva, comandata dall'abile Generale Popov, uno dei migliori esperti russi dell'impiego di formazioni corazzate. L'intenzione della *STAVKA* era di arrivare con le forze assegnate a Popov al fiume Dnieper, in modo di tagliare la ritirata delle forze tedesche. Ma le forze russe iniziavano a perdere mordente, mentre von Manstein riusciva, pur affrontando un rischio calcolato, a ottenere riserve anche sguarnendo zone del fronte sotto attacco, riserve che, insieme alle forze mobili giunte dalla Francia, sarebbero state utilizzate a breve contro le unità russe, che iniziavano inoltre a risentire dei consueti problemi di comando e controllo, oltre che dalla penuria di munizioni e carburante dovuta all'allungarsi delle vie di rifornimento. Avendo ignorato le reiterate ingerenze di Hitler, von Manstein poteva concentrarsi nell'attuare la sua controffensiva: partendo da una manovra a tenaglia contro il *Gruppo Corazzato Popov* e la *6ª Armata sovietica*, eseguita impiegando le unità corazzate prese dal fronte del Mius, dove peraltro ben sei Armate sovietiche stavano attaccando i cinque Corpi d'Armata del Generale Hollidt.

Il 19 febbraio 1943 il *XL Panzerkorps*, assieme alla *Wiking*, muoveva conto le unità corazzate di Popov, mentre il *Generalleutnant* Hoth attaccava la *1ª Armata corazzata* e la *6ª Armata delle Guardie* con il *XLVIII Panzerkorps* del Generale von Knobelsdorff, il *LVII Panzerkorps* del Generale Kirchner e con il SS-Panzerkorps, comprendente la *Leibstandarte*, al comando del Generale Hausser. La *Das Reich* attaccò il fianco della *6ª Armata*, appoggiata dalle unità d'attacco al suolo del feldmaresciallo von Richtofen, causando gravi perdite al *IV Corpo d'Armata delle Guardie* e il *XV Corpo d'Armata Fucilieri*, mentre il *XLVIII Panzerkorps* raggiungeva Pavlograd il 23 febbraio, intercettando la punta avanzata del *XXV Corpo Corazzato sovietico*.

Le due operazioni offensive tedesche, contro il *Gruppo Corazzato Popov* e la *6ª Armata*, proseguirono con l'avanzata del *XL Panzerkorps* verso il Donets, presso Izyum, raggiunta il 28 febbraio dalla *7. Panzer-Division*, eliminando le ultime sacche di resistenza del *Gruppo Popov*, che perse 251 corazzati, quasi tutti *T-34* e *T-70*, 125 pezzi controcarro e più di tremila caduti.

Per il 2 marzo, le avanguardie corazzate della *4. Panzer-Armee* e dell'*Armee-Abteilung Kempf* si incontrarono, accerchiando le unità della *6ª Armata* sovietica che subirono la perdita di 615 carri armati, 600 anticarro e 400 pezzi d'artiglieria, oltre a 23.000 morti nei sei Corpi Corazzati e dieci Divisioni di fucilieri colpite dalla controffensiva tedesca. Adesso a Hausser si prospettava il compito di riconquistare Kharkov con il suo *SS-Panzerkorps*, mentre la *STAVKA* inviava due Corpi Corazzati e tre Divisioni di fucilieri a tagliare l'asse d'avanzata delle Divisioni SS. Proseguendo le operazioni offensive dirette da von Manstein, l'*SS-Panzerkorps*, usando la *LSSAH* come incudine, riuscì ad avvolgere le unità russe attaccanti con la *Das Reich* e la *Totenkopf*, sconfiggendole, riconquistando Kharkov il 14 marzo, e Bielgorod il 21. Le perdite complessive sovietiche ammontarono a cinquantadue Divisioni e Brigate, incluse venticinque Brigate corazzate.

Per la sua brillante direzione delle operazioni, von Manstein fu insignito delle *Eichenlaub*, poiché, con la terza battaglia di Kharkov, era riuscito a stabilizzare il fronte meridionale e ad evitare un crollo che avrebbe potuto avere conseguenze negative per l'intero fronte Orientale.

Schwerter (59) il 30 marzo 1944 quale *Generalfeldmarschall* e *Oberbefehlshaber* dell'*Heeresgruppe Süd*. Durante l'*Operazione Zitadelle*, von Manstein guidò l'*Heeresgruppe Süd*, formato dalla 4. Panzerarmee, dai *LII. Armeekorps, XXXXVIII. Panzerkorps, II. SS-Panzerkorps, Armeeabteilung Kempf, Korps Raus z.b.V., XXXXII. Armeekorps*, e dal *III. Panzerkorps*. Nel settembre 1943, von Manstein inflisse gravi perdite ai sovietici nei combattimenti di ripiegamento verso il Dnieper, e nell'inverno 1943/1944 stabilizzò la situazione nella parte meridionale del fronte Orientale, con le battaglie tra Kiev e Zhitomir a Brussilov, Radomyshl e Meleni, che non poterono però evitare nuovi ripiegamenti tedeschi nel gennaio e febbraio 1944. Quindi negli

scontri avvenuti durante la ritirata dal Donets, fino al confine orientale della Polonia, von Manstein riuscì sempre ad evitare la distruzione del suo *Heeresgruppe* per opera del nemico, la cui superiorità numerica era schiacciante. Per la sua guida efficiente e flessibile, fu decorato delle *Schwerter* il 30 marzo 1944. Ma proprio in questo periodo si acuirono le differenze tra von Manstein, che proponeva una difesa elastica di unità mobili, accettando anche di cedere del territorio per contrattaccare poi le forze russe, le quali, in effetti, nelle operazioni di unità mobili rivelavano molti limiti, dovuti alla centralizzazione del comando e alla scarsa iniziativa dei comandanti in subordine, e i ripetuti ordini di Adolf Hitler che propugnava una difesa statica. Alla fine, si arrivò alla rottura: von Manstein fu rimosso dall'incarico, e al suo posto fu designato Walther Model. Ritiratosi a vita privata, von Manstein fu avvicinato dai cospiratori del 20 luglio 1944, ma anche se non li denunciò, condividendo peraltro alcune delle loro opinioni sulla condotta della guerra, non prese parte al complotto, congedandoli con le parole: "I Feldmarescialli prussiani non si ammutinano". Dopo la fine della guerra, fu messo in custodia dagli inglesi il 23 agosto 1945. Cedendo alle pressanti richieste sovietiche, von Manstein, che a Norimberga aveva solo deposto come testimone, fu accusato di crimini di guerra e processato in una Corte militare inglese ad Amburgo nell'agosto 1949. La sua messa in stato d'accusa fu ampiamente criticata dagli ambienti politici e militari occidentali; tra i difensori di von Manstein si distinsero Montgomery, Liddel Hart, e Winston Churchill. Condannato a diciotto anni di reclusione, poi ridotti a dodici, fu scarcerato nel 1953 per motivi di salute. Poco tempo dopo fu nominato dal Cancelliere della Repubblica Federale tedesca Adenauer suo Consulente per la Difesa, occupandosi dell'organizzazione e della dottrina della *Bundeswehr* e della sua entrata nella *NATO*, collaborando con le più alte cariche militari e politiche delle nazioni occidentali. Fritz Erich von Manstein nacque decimo figlio del nobile prussiano e *General der Artillerie* Eduard von Lewinski, che lo diede infante in adozione alla sorella più giovane della moglie, andata sposa al *Generalleutnant* Georg von Manstein; la coppia non era infatti riuscita ad avere figli (anche i von Manstein erano una famiglia nobile, con una grande tradizione militare, inoltre, i nonni dell'appena nato Erich erano entrambi Generali, come anche il fratello della madre. Vi era anche un legame di parentela con Paul von Hindenburg, il futuro *Feldmarschall* e Presidente). Von Manstein perse nella seconda guerra mondiale il suo figlio maggiore, il *Leutnant* Gero von Manstein, caduto in combattimento nel settore del lago Ilmen nel 1942.
Questo è il parere su von Manstein di Sir Basil Liddel Hart:

Il verdetto complessivo tra i Generali tedeschi che ho interrogato nel 1945 dimostrò che il Feldmaresciallo von Manstein aveva dimostrato di essere il comandante più abile del loro Esercito, e l'uomo che essi avevano desiderato maggiormente quale loro Comandante in

Capo. E' chiaro che egli aveva un superbo senso delle possibilità operazionali, e una padronanza eguale nella condotta delle operazioni, assieme con una comprensione delle possibilità delle forze meccanizzate maggiore che quella di qualunque altro comandante che non fosse stato addestrato nell'arma corazzata. In breve, era un genio nel campo della guerra.

Mentre il Maresciallo sovietico Malinovski osservò:

Consideravamo l'odiato Erich von Manstein il nostro più pericoloso nemico. La sua padronanza tecnica d'ogni situazione possibile e immaginabile non ha eguali. Sarebbe forse stato peggio per noi, se tutti i Generali della *Wehrmacht* fossero stati del suo stesso stampo.

General der Panzertruppe
Hasso von Manteuffel

Nato il 14 gennaio 1897 a Potsdam e morto il 24 settembre 1978 a Reith im Alpbachtal, in Austria.

Ritterkreuz des Eisernes Kreuz (772) il 31 dicembre 1941 quale *Oberstleutnant* e Comandante dello *Schützen-Regiment 6, 7. Panzer-Division*. La conquista del ponte, ancora intatto, che si trovava sul canale del Volga-Moskva presso Jachroma, avvenuta il 28 novembre 1941, rappresentò un'impresa straordinariamente importante per il Comando Supremo. Il *Panzergruppe* ottenne così il trampolino di lancio per poter proseguire l'attacco in una direzione decisiva, che peraltro dovette poi essere purtroppo interrotto per mancanza di forze. Fu proprio grazie all'*Oberstleutnant* von Manteuffel, già noto per essere un valoroso comandante, alla sua personale e rapida risoluzione di proseguire l'attacco durante la notte, alla sua lungimirante prudenza e soprattutto all'esempio personale, che invitava all'emulazione, che si poté ottenere un successo così importante.

Eichenlaub (332) il 23 novembre 1943 quale *Generalmajor* e Comandante della *7. Panzer-Division*. Nella notte del 6 novembre 1943 Kiev dovette essere abbandonata agli avversari. Il nemico attaccò in direzione Zhitomir e conquistò la città. Il *Panzer-AOK 4* era in pericolo. Il 14 novembre, la *7. Panzer-Division* passò al contrattacco, superò Ivniza, e il 15 novembre sferrò un attacco in direzione nord-ovest, sulla *Rollbahn* Kiev-Zhitomir, raggiungendo, avanzando senza protezione sui fianchi, l'ansa del Teterev, a quattro chilometri a nordest di Zhitomir. Il 16 novembre fu presa Levkoff (dodici chilometri ad est di Zhitomir). Grazie all'attacco contro Vazkoff, i sovietici erano stati accerchiati a Zhitomir. In una azione notturna condotta con solo sei *Panzer* (al comando dell'*Oberstleutnant* Adalbert Schulz, decorato delle *Schwerter*) e un centinaio di *Panzergrenadiere*, von Manteuffel, con il suo *Schützenpanzerwagen* nell'avanguardia, pose le basi per la riconquista della città di Zhitomir.

Schwerter (50) il 22 febbraio 1944 quale *Generalmajor* e Comandante della *7. Panzer-Division*. La *7. Panzer-Division* doveva impedire l'attacco frontale del nemico a

Korosten. Il 20 novembre 1943 iniziò l'attacco della stessa Divisione, a nord del Teterev su Studniz (a nordovest di Zhitomir), a sud verso Radomyschl, fino a Teterev. Il 22 novembre, presso Nebyliza, von Manteuffel era già avanzato di sessantacinque chilometri. Dopo il raggruppamento, il 7 dicembre fu raggiunta Njanevka (dodici chilometri a sudovest di Mlin, sull'Irscha). Il 10 dicembre fu assaltato il centro abitato di Malin, situato a sud di Irscha. In questi scontri, von Manteuffel condusse personalmente l'attacco, nelle posizioni più avanzate, con sei *Panzer* e una *Kompanie* del *Panzer-Aufklärungs-Abteilung*, contro la difesa del nemico, eseguita su tre lati, assaltò poi la cittadina al centro della resistenza nemica, distrusse le forze corazzate appostate a sud della località, distruggendo venticinque mezzi corazzati, e respingendo forti reparti di fanteria sovietica. Nell'area di Korosten, la *7. Panzer-Division* aveva affrontato da sola una intera Armata, e grazie all'abilità tattica di Manteuffel nell'uso di unità mobili, e ai continui e fulminei contrattacchi, impedì ai sovietici di sfondare in profondità in questo settore.

Brillanten (24) il 18 febbraio 1945 quale *General der Panzertruppe* e *Oberbefehlshaber* della *5. Panzer-Armee*. Ottenuti per i successi iniziali durante l'offensiva delle Ardenne (da notare che la *5. Panzer-Armee* doveva avere un ruolo secondario nell'attacco, ma in realtà Manteuffel riuscì nella penetrazione maggiore delle linee statunitensi, arrivando quasi alla Mosa. Manteuffel sferrò l'attacco della sua *Armee* senza una preparazione d'artiglieria preliminare, tattica rischiosa, ma che garantiva l'effetto sorpresa, assieme alle tattiche d'infiltrazione impiegate dalla fanteria tedesca. La *28th* e *106th US Infantry Division* furono duramente colpite, subendo 9.000 perdite nello Schnee Eifel) e per il successivo movimento di ripiegamento in cui creò un fronte stabile ad ovest del Reno. Il 5 marzo 1945 ottenne il comando della *3. Panzer-Armee*, comandandola durante i combattimenti di ripiegamento in Pomerania e Meclenburgo. Catturato dagli americani a fine guerra, fu rilasciato nel 1947. Entrato in politica con il *Freie Demokratische Partei* (Partito Liberaldemocratico), presenziò nel *Bundestag* dal 1953 al 1957. Manteuffel suggerì anche la nuova denominazione delle nasciture FF.AA. tedesche: *Bundeswehr*. Invitato ufficialmente più volte negli Stati Uniti d'America, fu stimato ospite del Presidente Dwight D. Eisenhower e del Generale William Westmoreland, e nel 1968 tenne una serie di lezioni all'Accademia militare di West Point. Fu anche consulente nella realizzazione di film di guerra.
Una delle famiglie della nobiltà militare più antiche della Germania, i Manteuffel avevano dato alla Prussia numerosi condottieri: di questi ben sei Generali tra il 1700 e il 1900, oltre al *Generalfeldmarschall* Edwin Karl Rochus Freiherr von Manteuffel (1809-1885), insignito della *Pour le Mérite* il 7 agosto 1866 per i suoi successi nella guerra contro l'Austria.

Una delle azioni più brillanti di Manteuffel fu la sua conduzione della *Panzer-Grenadier-Division "Grossdeutschland"* nella battaglia di Targul Frumos, durante l'avanzata russa in Romania. Così Manteuffel descrisse il suo piano e l'andamento della battaglia:

Il mio piano di battaglia era approssimativamente questo: visto che potevo stimare come altamente probabile, e non certo, che il nemico avrebbe attaccato con forti unità corazzate, assieme ad una munita artiglieria aiutata da buone possibilità d'osservazione, decisi di respingere l'attacco attraverso l'uso del *Panzer-Regiment* unito, impiegando tattiche di guerra di movimento. Nelle mie istruzioni non lasciai dubbio alcuno sul fatto che i Reggimenti della Divisione avrebbero dovuto difendersi da soli, poiché i nostri *Panzer* non avrebbero potuto essere dappertutto. [...] Io mi riservai quindi la decisione di impiegare i *Panzer* e in seguito presi parte in tutte le fasi dell'attacco del *Panzer-Regiment*. In effetti sino al mattino dell'attacco non avevo idea di dove potesse essere il punto focale dell'attacco russo. Pensavo fosse probabile che attaccassero dalla sinistra; poiché i russi avrebbero sicuramente sperato di mettere in fuga i rumeni lì schierati, e sfruttando questo successo parziale, di attaccare sul fianco la mia Divisione. Il successo del mio piano di battaglia dipendeva da: l'accurata trasmissione delle informazioni ottenute attraverso la ricognizione e la loro diffusione all'intera Divisione, il miglioramento accurato e pratico delle posizioni difensive della fanteria, i ben congegnati piani di fuoco per tutte le armi (le armi pesanti di fanteria, le armi controcarro, inclusi gli elementi dello *Sturmgeschütz-Abteilung*, assegnate ai Reggimenti di fanteria, l'artiglieria e i pezzi contraerei assegnati al ruolo controcarro), stesi tenendo conto del tipo di arma, calibro e delle munizioni. Degli accordi devono essere presi con le unità vicine riguardo alle linee di demarcazione tra reparti, e devono essere preparate delle concentrazioni di fuoco pesanti e pesantissime. I tiri di registrazione, eseguiti senza attrarre attenzione, sono basilari per questi ultimi.
Il posto di comando Divisionale era praticamente ideale. Come menzionato prima, era posto su un pendio a sud di Targul Frumos. I punti di osservazione ivi installati permettevano l'osservazione attraverso la vista e il suono dell'intero settore di combattimento. A dispetto dei preparativi più elaborati, il fattore *decisivo* nella difesa è il potenziale di combattimento delle truppe. [...] Eravamo in stretto contatto con le unità aeree della *Luftwaffe*.

I russi non intrapresero alcun'azione contro la Divisione agli inizi d'aprile. Vi era poca attività della loro artiglieria, poiché stavano ovviamente risparmiando munizioni. La ricognizione riferì di nuove Batterie nemiche. Come sempre, le unità statiche di fanteria rimasero ferme sino all'inizio dell'attacco. [...] Tutti i segni puntavano al 30 aprile o al primo maggio come data d'inizio dell'attacco. Il tempo era buono, il cielo sereno, il terreno era secco. Le condizioni di visibilità erano molto buone. L'alba arrivò alle 04.00 circa. Il primo maggio, il giorno prima dell'attacco, tutto era quieto come sempre. A mezzogiorno, le ricognizione aerea riferì di pesanti concentramenti di truppe nel retrofronte nemico. Richiesi pertanto un bombardamento aereo per la sera del primo maggio, che fu eseguito. Numerosi incendi ed esplosioni secondarie ci fecero concludere come l'attacco avesse avuto successo. I prigionieri presi il giorno seguente lo confermarono.

Il 2 maggio 1944 la giornata iniziò alle 04.00 con un vivace fuoco di artiglieria, principalmente concentrato sulla prima linea e che non si estendeva sul retrofronte. La nostra mimetizzazione doveva essere efficace, poiché le perdite in uomini e materiale erano state molto basse; era essenzialmente un fuoco di disturbo, che come spesso era il caso con i russi, fu mantenuto ostinatamente. [...] L'attacco delle forze corazzate sovietiche iniziò un'ora dopo l'inizio del bombardamento, e circa mezz'ora dopo, il tiro dei corazzati iniziò a cadere su Tragul Frumos. Vidi dal mio posto di comando i carri armati avanzare verso la città. La nostra fanteria si lasciò sorpassare dai carri, in modo da lasciarli al Battaglione *FlAK* da 8.8 cm trincerato all'entrata settentrionale di Targul Frumos. La maggior parte dei carri armati, circa venticinque, fu colpita e incendiata; il resto, una decina, incappò nell'area di assembramento del nostro *Panzer-Regiment* e fu distrutta.

Presto ebbi l'impressione che l'attacco principale sarebbe arrivato dall'area a nordovest di Targul Frumos verso la città, e ordinai quindi al *Panzer-Regiment* di prendere posizione dietro una cresta ad ovest di Targul Frumos, dietro il settore tenuto dal *Panzer-Grenadier-Regiment*. Sul pendio era interrata e ben mimetizzata una Batteria di *Sturmgeschütz*. Circa due Compagnie di carri armati russi, ossia trenta carri, attaccarono il pendio proprio mentre stavo guidando sin lì. La fanteria schierata in fondo al pendio permise ai carri, che stavano muovendosi a gran velocità, di sorpassarla. La Batteria di *StuG* lasciò che i carri armati si avvicinassero sino a trecento metri di distanza, e poi li distrusse tutti. La maggior parte di corazzati nemici esplose in piccoli pezzi. In seguito mostrai qualcuno di questi pezzi a degli esperti, per mostrargli l'eccezionale efficacia delle nostre munizioni perforanti. Non subimmo perdite! Un'altra Compagnia russa si mosse in fila indiana oltre Ruginoasa, dove i rumeni si erano dispersi come ci si aspettava. Fu identificata in tempo da una *Kompanie* di nostri *Panzer* e completamente distrutta. La mia impressione iniziale fu confermata alle ore 0800. Arrivarono ondate dopo ondate di carri armati, che noi ingaggiammo da delle posizioni preparate ben situate. Mentre stavo comunicando via radio con il comandante del *Panzer-Regiment* nel suo *Befehlswagen*, dei proiettili di grosso calibro, sparati da cannoni di carri armati, sibilarono oltre i nostri veicoli. Essi erano stati sparati da una grande distanza. Ci rendemmo rapidamente conto che provenivano da dei carri armati pesanti a 3.000 metri di distanza.

Inizialmente pensammo ambedue che fosse un errore da parte di una *Kompanie* di *Tiger*, poiché non avevamo mai incontrato dei carri russi così pesanti. Una *Kompanie* di *Tiger* fu fatta avanzare, e aprirono il fuoco su quei carri. Potemmo vedere chiaramente i proiettili che li colpivano, e tuttavia rimbalzare sulla loro corazza frontale. Il comandante del *Tiger-Abteilung*, che era presente, ordinò ai suoi carri di attaccare. I *Tiger* serrarono le distanze a 2.000-1.800 metri dai corazzati nemici, e aprirono il fuoco su di essi. Quattro dei carri nemici furono presto in fiamme, altri tre ripiegarono a gran velocità. Ordinai ad una *Kompanie* di *Panzer IV* di aggirare Ruginoasa, e di inseguire e distruggere quei carri. Questi carri armati, veloci e manovrieri, furono così fortunati da avvicinarsi a 1.000 metri dai giganti corazzati russi, e attaccarli da tergo. I carri nemici si arrestarono, e apprendemmo in seguito che erano bruciati. Ho menzionato questi carri armati *Stalin* diverse volte. Vantaggi: un potente cannone, spessa corazzatura, e una bassa sagoma (circa 51 cm in meno che il nostro *Panzer V*); svantaggi: lento e non abbasantanza manovrabile, inoltre mi parve che i loro equipaggi non fossero sufficientemente familiari con il proprio mezzo.

Descrivere la battaglia nel dettaglio occuperebbe troppo spazio, quindi descriverò il suo andamento a grandi linee: Alle ore 11.00 circa, il *Panzer-Regiment* aveva distrutto duecentocinquanta corazzati nell'area delle posizioni del *Panzer-Grenadier-Regiment*. Vidi esitare l'attacco nemico. I russi avevano ancora molti carri, ma essi si limitavano a spararci da raggio estremo, senza attaccare. Inizialmente non avevamo alcun interesse ad attaccare così in profondità nelle posizioni nemiche con i nostri carri armati, speravamo di poterli affrontare l'indomani o in un altro punto. Nel frattempo dei rapporti allarmanti provenivano dal *Panzer-Füsilier-Regiment* (settore destro della Divisione) sin dalle 09.00. Trentadue carri armati russi erano entrati nel villaggio nel quale era posizionato il comando Reggimentale. Otto furono distrutti in uno scontro ravvicinato nel quale prese parte anche il comandante di Reggimento. Le linee del *Panzer-Füsilier-Regiment* furono sfondate in diversi punti, ma tennero duro. Come il *Panzer-Grenadier-Regiment*, i *Füsilier* erano riusciti a separare la fanteria dai corazzati, e a trattenerla. I carri sovietici ora dovevano combattere da soli. Avevo promesso al mio amico, l'*Oberst* Niemack, il comandante del *Panzer-Füsilier-Regiment*, che sarei venuto in suo aiuto con il *Panzer-Regiment* entro le 12.00. La situazione era nel frattempo diventata estremamente critica. Ci fu un rinnovato pesante attacco di forti reparti corazzati russi dopo le 11.00. Ordinai quindi ai *Panzer* di interrompere l'attacco nel settore ad ovest di Targul Frumos e di riunirsi nell'area di Tragul Frumos. Il comandante del *Panzer-Regiment*, che era a Targul Frumos, prese l'iniziativa e fece tutti i preparativi necessari per rifornire il Reggimento di carburante e munizioni. Un *Abteilung* misto di *Panzer V* e *VI* agli ordini del comandante dei *Tiger* fu lasciato dietro nel settore del *Panzer-Grenadier-Regiment*. Io stesso mi diressi [sul suo *Befehlswagen*, un *Sd. Kfz. 251*, NdA] verso il *Panzer-Füsilier-Regiment* con una *Kompanie* di *Panzer IV*. Stimai la situazione e il terreno e mandai il Panzer-Regiment, che seguiva, all'attacco mentre era ancora in movimento. [...] I carri del Panzer-Regiment distrussero subito trenta carri russi che stavano muovendosi a tergo del *Füsilier-Regiment*. Al calar della notte, l'intervento del *Panzer-Regiment* aveva ripristinato la situazione in questo settore. Al termine della notte, poco prima dell'alba, un mezzo *Abteilung* di *Panther* e uno di *Tiger* fu schierato in ambo i settori, in modo da poter battere il terreno davanti alla nostra fanteria quando ci fosse stata luce sufficiente. La notte del 2 maggio le straordinarie perdite nemiche in corazzati, oltre al fatto che la fanteria nemica da nessuna parte aveva raggiunto i suoi obiettivi iniziali, mi fece ben sperare, sensazione che fu presto confermata. I russi attaccarono nuovamente il 2 e il 3 maggio, ma a dispetto di un massiccio supporto di carri armati, i loro assalti furono fermati davanti o nelle nostre posizioni. I nostri bombardieri portarono a termine molte missioni il 2 maggio, compreso anche il *Geschwader* controcarro di Rudel. [...] Le nostre perdite in carri armati non avevano raggiunto i dieci mezzi, anche se un numero considerevole era stato danneggiato, ma grazie all'efficientissimo servizio di riparazione del *Panzer-Regiment*, esso non ebbe una sostanziale perdita della sua forza in armi, rimanendo, come spesso succedeva, il fedele servitore della coraggiosa fanteria [le perdite della fanteria della *"Grossdeutschland"* furono però pesanti: ad esempio, il *II/Panzer-Grenadier-Regiment GD* dovette essere sciolto a causa delle perdite subite, NdA]. Il successo fu grande: fu evitato uno sfondamento in direzione di Ploesti [...]. Stimo che le perdite nemiche ammontarono a trecentocinquanta carri armati distrutti e altri duecento danneggiati. [...] Il mio piano di battaglia era basato sui seguenti fatti e lezioni dalle mie passate esperienze, che furono confermate: La Divisione doveva difendere, ossia tenere, le sue posizioni, non ci doveva essere alcun combattimento di ripiegamento; questo dovette essere reso chiaro anche al soldato semplice, altrimenti i Caposquadra della fanteria si sarebbero ritenuti autorizzati a combattere un'azione ritardatrice e ripiegare temporaneamente. Le fondamenta della difesa erano formate dalla cooperazione più stretta possibile tra la fanteria e le armi che la appoggiavano nella battaglia: le loro armi pesanti, gli *Sturmgeschütz*, l'artiglieria e i *Pioniere*; ma la fanteria era il primo violino, e tutte le altre armi dovevano adattarsi alle sue legittime richieste. Le forze corazzate dovevano essere tenute assieme, e tenute vicino al fronte, per contrattaccare rapidamente i carri armati nemici.

La fanteria conduceva la difesa da nidi di resistenza di varia forza e composizione. Doveva essere assicurato il mutuo supporto da posizione a posizione. Il controllo del tiro dell'artiglieria deve rimanere flessibile e non aderire rigidamente a dei piani prefissati. Si deve sempre mirare a formare delle concentrazioni di fuoco; il fuoco deve essere in effetti distruttivo.

Tutte le altre armi devono subordinarsi alle azioni dei *Panzer* dovunque essi siano impiegati. [...] Tutti i comandanti di *Panzer* sino al comandante Divisionale devono stare sul campo di battaglia, particolarmente dove essi abbiano la migliore visuale del terreno e buone comunicazioni con il nucleo corazzato. Io ero sempre dove potevo vedere e sentire cosa succedeva al fronte, ossia le mosse del nemico, e cosa succedeva tutto intorno a me. Nulla può sostituire l'impressione personale!".

Generalleutnant
Dr. med. dent. Karl Mauss

Nato il 17 maggio 1898 a Plön nell'Holstein e morto il 9 febbraio 1959 a Haburg-Wandsbek.

Ritterkreuz des Eisernes Kreuz (694) il 26 novembre 1941 quale *Oberstleutnant* e Comandante del *II Bataillon, Schützen-Regiment 69, 10. Panzer-Division*.

A Vyasma l'*Oberstleutnant* Dr. Mauss, nella notte tra il 6 ed il 7 ottobre 1941, dopo che il *Panzer-Abteilung* era penetrato fino all'autostrada, preso possesso dei ponti più importanti, grazie alla sua ricognizione personale e ad un'azione repentina, liberò personalmente la città dal nemico e creò una posizione difensiva temporanea ad ovest, avvalendosi delle deboli forze a sua disposizione. È in primo luogo merito dell'*Oberstleutnant* Dr. Mauss se fu possibile chiudere da sud la sacca di Vyasma, già nella notte tra il 6 ed il 7 ottobre. L'undici ottobre, dopo duri combattimenti a Rusa e Istra, vicino a Borodino, l'avanzata riprendeva per poi arrestarsi a diciotto chilometri da Mosca. In queste battaglie le esauste forze di Mauss si erano scontrate con dei reparti sovietici particolarmente determinati, come egli stesso scrisse:

La tenacità del nemico è stupefacente, considerando che i difensori sono degli Allievi Ufficiali di quindici anni. Si fanno uccidere piuttosto che arrendersi. Non ho visto un solo prigioniero che non fosse ferito. Molti si sono tolti la vita sparandosi.

I successivi combattimenti difensivi contro i contrattacchi russi, condotti da truppe siberiane in mezzo a tempeste di neve, videro Mauss sempre in prima linea, in combattimenti dove si tentava di far sopravvivere la propria unità, più che di implementare le più raffinate sottigliezze dell'arte militare, come si comprende bene da questa conversazione di Mauss con il suo Aiutante:

A cosa servono i rapporti in questa situazione? Comunicate alla Divisione che Ivan non passerà. Sono con le mie truppe, che adesso hanno bisogno di me. Quindi non ho tempo per dei rapporti!

Dopo questi combattimenti, nel marzo 1942 Mauss fu trasferito alla *4. Panzer-Division* e promosso *Oberst*, al comando del *Panzer-Grenadier-Regiment 33*.

Eichenlaub (335) il 24 novembre 1943 quale *Oberst* e Comandante del *Panzer-Grenadier-Regiment 33, 4. Panzer-Division*. La proposta per l'onorificenza era stata fatta all'*Heerespersonalamt* sia il 30 aprile 1943 che il 19 novembre 1943. L'otto febbraio 1943 il Dr. Mauss aveva assunto il comando di tutti i reparti a Kursk. Nella battaglia di Kursk, avvenuta durante la ritirata, fu possibile trarre in salvo il *VII Armee-Korps* fino al 19 febbraio, grazie al preponderante apporto del Dr. Mauss. Grazie all'attacco della *4. Panzer-Division*, condotto da Novgorod Sewerskij a Ssewsk dall'otto al 27 marzo 1943, la Divisione ebbe un ruolo importante nella chiusura delle brecce che si erano aperte a febbraio tra la *2. Armee* e la *2. Panzer-Armee*. Il Dr. Mauss partecipò attivamente alla presa di Ssewsk. Dal 23 ottobre al 4 novembre 1943 egli fu al comando della *4. Panzer-Division*, e dal 16 novembre al 21 dicembre. Dietrich von Saucken, futuro decorato dei *Brillanten* e suo Comandante Divisionale, diede il seguente parere su Mauss: "Vincente combattente del fronte, splendente Ufficiale, e buon tattico".

Schwerter (101) il 23 ottobre 1944 quale *Generalleutnant* e Comandante della *7. Panzer-Division*. Il rapporto dell'*OKW* del 13 marzo 1944 cita la *7. Panzer-Division* per la difesa dell'area ad est di Tarnopol. Il 23 marzo, la Division fu accerchiata a Satanovka. Il Dr. Mauss si mise al comando di un *Kampfgruppe* di *Panzer* della *Leibstandarte SS Adolf Hitler*, compì uno sfondamento verso sud, e, grazie al rifornimento dall'aria, si congiunse alla *1. Panzer-Armee*. La *7. Panzer-Division* divenne quindi una delle Divisioni di punta per lo sfondamento delle unità della "sacca vagante di Hube" verso le linee tedesche. Durante tale operazione, la *4. Panzer-Armee*, che conduceva l'attacco di soccorso verso la sacca, fece contatto a Buchach con la *16. Panzer-Division* e a nord con la *7. Panzer-Division*, che aveva assaltato le linee sovietiche, distruggendo cinquantatre corazzati e numerosi cannoni controcarro e pezzi d'artiglieria. Il 9 aprile 1944, Hube comunicava a Mauss, promosso *Generalleutnant*:

Ci sarebbe andata male se non vi avessimo avuti con noi. I vostri uomini hanno impedito la distruzione della *1. Panzer-Armee*.

Nei pesanti combattimenti a Zhitomir, Tarnopol, Brody e Minsk, la *7. Panzer-Division* aveva distrutto più di 800 carri armati sovietici. Seguirono gli attacchi a Lida e in Lituania, dove, grazie al decisivo contributo della Divisione nella battaglia di Raisinai, fu bloccato l'attacco sovietico su Tilsit. Il *Wehrmachtbericht* del 15 agosto 1944 scriveva in merito:
La battaglia per Raisinai ha temporaneamente passato il suo apice. Per giorni i sovietici hanno caricato il fronte difensivo del *Korps* con tremende masse di carri armati, ma in ogni caso sono stati respinti [...] Le unità del *IX Armee-Korps* si sono distinte per il loro

straordinario coraggio e resistenza nei combattimenti difensivi sin dal 22 giugno. Il comando e le forze sul campo hanno coronato il loro successo nella battaglia per Raisinai, durata sei giorni, nel corso della quale due Brigate corazzate e due Corpi di fucilieri pienamente equipaggiati sono stati sconfitti, con la perdita di trecentocinquantaquattro carri armati. Con la vitale assistenza della 7. *Panzer-Division*, al comando del *Generalmajor* Mauss, è stato impedito uno sfondamento nell'area a nord di Tilsit e sono state create le condizioni per un'ulteriore, riuscita difesa della frontiera della Prussia orientale.

Gunther Fraschka, autore del libro sui decorati dei Diamanti *Mit Schwertern und Brillanten* e veterano della *Heer*, ricorda il suo incontro personale con Mauss sul fronte di Raisinai:

All'epoca ero *Adjutant* in un *Panzerjäger-Abteilung*, e avevo ordine di stabilire contatto con la 7. *Panzer-Division*. La reputazione del Generale Mauss, insignito delle *Eichenlaub* e dentista nella vita civile, lo precedeva. Non potevo immaginare una tale mescolanza di soldato e medico. Così mi misi in cammino, pieno d'aspettative, per dare un'occhiata al "prodigio" del fronte di Raisinai. Il villaggio nel quale era concentrata la 7. *Panzer-Division* era a circa un chilometro da Raisinai. Dietro i bianchi muri di una linda fattoria stava un automezzo Comando, e dietro di esso, su di una panca, stava un Ufficiale, di altezza media, con una cicatrice attraverso una guancia. Mi presentai. L'Ufficiale sulla panca si girò con calma, mi esaminò attentamente con due occhi penetranti, come se volesse guardarmi attraverso, e mormorò: "Mauss". Velocemente ripetei le istruzioni della Divisione e le intenzioni del *Panzerjäger-Abteilung*. Il Generale mi ascoltò quietamente. Senza interrompermi aprì una cartella portamappe e la fissò. Improvvisamente, senza levare gli occhi dalla mappa, disse: "Avete una buona memoria". Un poco confuso, mi interruppi. Allora Mauss fece un cenno del capo, dicendo: "Vada avanti, vada avanti! Mi dica dove siete. Attaccherò tra di un'ora. Prima devo rendermi conto di cosa fanno i russi". [...] Guidammo quasi sino all'*Hauptkampflinee*. Il terreno era collinoso, con molti giardini e alberi. I russi stavano concentrando i loro carri armati in pieno giorno, cosa che facevano solo molto raramente. L'aria era scossa dal sordo rombo dei motori. Nuvole di fumo ondeggiavano oltre la città. Vedemmo chiaramente due *T-34*, che scomparvero nel cimitero. "Attaccherò là!" disse Mauss, spingendo il suo cappello sulla nuca. Quindi si girò verso di me. "Dica al suo comandante che questo settore è di mia competenza. Può fare ciò che vuole più in basso. Linea di demarcazione: la strada per Raisinai". [...] Nelle prime ore della mattina del 23 agosto, la rimanente artiglieria aprì il fuoco sulle posizioni russe. La fanteria uscì dalle proprie buche individuali e assaltò il nemico. Per la prima volta in settimane vi erano anche in aria dei caccia tedeschi, che picchiarono come aquile sui concentramenti di carri armati russi. Colti completamente di sorpresa, i russi furono presi dal panico. Il cimitero divenne una trappola per i sovietici. I *Panther* e i *Tiger* distrussero un *T-34* dopo l'altro. Quelli che riuscirono a scappare, non andarono lontano. Gli *Sturmgeschütz* e i *PAK* del nostro *Panzerjäger-Abteilung* colpirono ottanta carri russi in poche ore. Per mezzogiorno Raisinai era nelle nostre mani. Quindi i sovietici rinnovarono il loro attacco [...] altri ventitrè *T-34* finirono in fiamme. Vidi Mauss sulla sua macchina, vicino alla mia postazione, mentre l'attacco era in corso. In quel mentre, due *T-34* emersero dall'ingresso di una fattoria, ad appena trecento metri di distanza davanti a me. Vidi Mauss abbassarsi. In quel momento aprii il fuoco. La macchina di Mauss si fermò a qualche metro da me. Quando il Generale mi riconobbe, sorrise e mi salutò militarmente. Nello stesso istante, si ricordò che il vecchio saluto militare non era più usato. "Mi perdoni", disse. "Sembro un secondino quando alzo il braccio". Quindi affermò: "Lei ha fatto un lavoro eccellente. I miei uomini mi dicono che è entrato in azione molto bene. Lo menzionerò nel mio rapporto. Grazie molte e buona fortuna". E se ne era andato, il Generale Mauss, il prodigio del fronte di Raisinai.

Brillanten (26) il 15 aprile 1945 quale *Generalleutnant* e Comandante della *7. Panzer-Division*. Assegnategli per lo straordinario valore personale mostrato negli scontri avvenuti dal 5 all'otto ottobre 1944 rispettivamente a Tryskiai-Telsche e a sud di Plunge, poi per le battaglie nella zona di Marienburg-Elbing (27 gennaio-10 febbraio 1945), seguiti dai durissimi scontri di Konitz (12-15 febbraio 1945), Rummelsburg (dal 28 febbraio), il raggiungimento della testa di ponte di Gotenhafen (8-11 marzo), la difesa della testa di ponte di Gotenhafen (12-23 marzo) e la difesa di Oxhöfter Kämpe, fino al suo ferimento, il 25 marzo 1945. Durante una ricognizione, il suo mezzo fu colpito in pieno, uccidendo tutti quelli che lo accompagnavano. Colpito dalle schegge di un proiettile d'artiglieria, Mauss ebbe una gamba amputata. Dopo l'operazione, riuscì ancora a condurre le operazioni da una barella per quattro giorni, ma in seguito ad un suo collasso, fu poi trasferito da Hela a Copenhagen. Su sua richiesta, la *7. Panzer-Division* fu evacuata via mare dalla sacca di Gothenafen, e si arrese agli inglesi nella zona di Malchin-Waren. Mauss fu promosso *General der Panzertruppe* il primo aprile 1945, e il 15 gli furono conferiti i *Brillanten*. Mauss fu l'ultimo di ben quattro decorati con i Diamanti (Rommel, von Manteuffel, Schulz e lui) che comandarono la famosa *7. Panzer-Division*. Fatto prigioniero dagli inglesi, non gli fu dato il permesso di recarsi al funerale della moglie, e quando la sua richiesta scritta fu strappata e gettata a terra dal comandante del campo di prigionia, al Generale fu ordinato di raccoglierne i frammenti. Dopo la prigionia aprì uno studio di dentista, e si risposò nel 1949. La sua richiesta d'arruolamento nella *Bundeswehr* fu respinta. Una malinconica conclusione per la carriera di uno dei migliori Ufficiali della *Wehrmacht*, che aveva iniziato il suo cammino durante la prima guerra mondiale, quando si era arruolato quindicenne e per le ripetute prove di coraggio contro il nemico ad Arras, nelle Fiandre, sulla Somme e sull'Isonzo, era stato decorato della *Eisernes Kreuz 1. Klasse* e promosso *Leutnant* a soli diciassette anni, divenendo il più giovane Ufficiale dell'intera *Armee*.

Generalfeldmarschall
Erwin Johannes Eugen Rommel

Nato il 15 novembre 1891 a Heidenheim an der Brenz, si toglie la vita il 14 ottobre 1944 presso Herrlingen.

Ritterkreuz des Eisernes Kreuz (43) il 27 maggio 1940 quale *Generalmajor* e Comandante della *7. Panzer-Division*. Al *Generalmajor* Rommel, Comandante della *7. Panzer-Division*, va il merito di avere sfondato velocemente il 18 maggio 1940 le fortificazioni di confine francesi, a sudovest di Maubeuge, proseguendo l'attacco fino a Landrecies. In quest'occasione furono distrutte due Divisioni nemiche e fatti quattromila prigionieri.

Eichenlaub (10) il 20 marzo 1941 quale *Generalleutnant* e *Befehlshaber* delle truppe tedesche in Libia. Ottenuta per le vittorie della *7. Panzer-Division* da lui diretta brillantemente sul fronte francese, culminate con la conquista del rilevante porto bellico di Cherbourg.

Schwerter (6) il 20 gennaio 1942 quale *Generalleutnant* e *Oberbefehlshaber* del *Panzer-Gruppe Afrika*. Assegnate per l'abile direzione bellica delle truppe tedesche in Nordafrica. Il culmine fu la battaglia tra corazzati avvenuta a Sidi Rezegh il 23 novembre 1941, terminata con la sconfitta dei britannici.

Brillanten (6) l'undici marzo 1943 quale *Generalfeldmarschall* e *Oberbefehlshaber* dell'*Heeresgruppe Afrika*. Per l'offensiva in Tunisia, che causò notevoli perdite agli Alleati. Di tale offensiva faceva parte l'attacco di Rommel su Thala e Tebessa, dal 16 al 22 febbraio 1943. Fu in realtà un riconoscimento fatto alla sua personalità di combattente, in seguito alla sua partenza dall'Africa per sottoporsi a delle cure urgenti. Dopo la capitolazione delle forze italotedesche in Tunisia, a Rommel furono assegnati incarichi in Grecia e Italia, e quindi organizzò le difese della costa normanna dell'*Heeresgruppe B*, che comandò poi durante i combattimenti successivi al *D-Day*, sino al 17 luglio 1944, quando fu ferito gravemente alla testa nel mitragliamento della sua automobile. Dopo il fallito attentato a Hitler, Hans Speidel accusò Rommel di aver avuto un ruolo di rilievo nella cospirazione. L'accusa di Speidel era probabilmente strumentale al suo tentativo di discolparsi; d'altro canto, è assodato che Rommel sapesse della congiura, ma non denunciò gli Ufficiali che sapeva implicati. A Rommel fu quindi lasciata la scelta tra comparire davanti al Tribunale del Popolo o di suicidarsi, in modo da non disonorare il suo nome. Rommel scelse quest'ultima soluzione il 14 ottobre 1944, e al popolo tedesco e alla stampa internazionale fu data la notizia che la "Volpe del deserto" era deceduta per un attacco cardiaco.

General der Panzertruppe
Dietrich von Saucken

Nato il 16 maggio 1892 a Fischhausen in Prussia orientale e morto il 27 settembre 1980 a Monaco di Baviera.

Ritterkreuz des Eisernes Kreuz (790) il 6 gennaio 1942 quale *Generalmajor* e *Führer* della *4. Panzer-Division*. Il *Generalmajor* von Saucken, mostrando una grande prontezza d'azione nell'unire il *Kampfgruppe Grolig* e *Lüttwiz*, assumendone personalmente il comando sul posto, durante gli scontri avvenuti dal 29 dicembre 1941 al 2 gennaio 1942 aveva scongiurato una grave minaccia per le posizioni tedesche a Oka, causata da un profondo sfondamento nemico nell'area di Blocknja, Bagrinow, Kriwzowa e Chmelewaja, avvenuto il 28 dicembre, riuscendo infine a ripristinare la posizione. Solo il costante impegno personale e lo sprezzo del pericolo mostrati dal *Generalmajor* von Saucken assicurarono un successo decisivo delle azioni di una truppa all'estremo delle forze per via dei duri scontri combattuti costantemente contro un nemico ampiamente superiore dal punto di vista numerico.

Eichenlaub (281) il 22 agosto 1943 quale *Generalleutnant* e Comandante della *4. Panzer-Division*. Il 28 luglio 1943 giunse il seguente ordine d'apprezzamento per il *XXXXVI Panzer-Korps*:

In seguito al deviare dell'asse d'avanzata nemico verso ovest, la *4. Panzer-Division* si assunse l'onere principale nella difesa a sud di Orel, presso Jablonowez. Le unità corazzate e controcarro della Divisione distrussero sessantadue corazzati nemici, cosicché il nemico fu privato della forza necessaria a compiere lo sfondamento, e con un contrattacco fu poi respinto.

Schwerter (46) il 31 gennaio 1944 quale *Generalleutnant* e Comandante della *4. Panzer-Division*. Concesse per le azioni citate nel *Wehrmachtbericht* del 3 dicembre 1943, riportato qui di seguito:

Nel settore centrale la pressione del nemico contro le nostre posizioni nell'area di Gomel era divenuta più debole. Durante i violenti ed aspri scontri degli scorsi giorni la *4. Panzer-Division*, composta per lo più da soldati franconi al comando del *Generalleutnant* von

Saucken, nonostante le durissime condizioni di combattimento ha sventato tutti i tentativi di sfondamento dei Sovietici.

Brillanten (27) l'otto maggio 1945 quale *General der Panzertruppe* e *Führer* della *18. Armee* e *Oberbefehlsaber* dell'*Armee Ostpreußen* (*AOK Ostpreußen*). Dopo l'inizio della offensiva estiva sovietica il 22 giugno 1944, von Saucken condusse il *XXXIX Panzerkorps* nel tentativo di arginare l'avanzata russa verso est. Promosso *General der Panzertruppe* il primo agosto del 1944, von Saucken guidò il suo *Korps* negli scontri davanti a Varsavia, distruggendo duecento carri armati russi. Nel dicembre 1944 von Saucken costituì un nuovo *Panzerkorps* dalle Divisioni *Grossdeutschland* e *Brandenburg*. Il *Panzerkorps "Grossdeutschland"* partecipò quindi alle battaglie di Rastenburg e Litzmannstadt, e al soccorso del *Gruppe Nehring*, accerchiato sulla Vistola. Dopo un momento di crisi con il *Generalstabschef des Heeres* Halder, von Saucken fu inviato nella *Führerreserve*, anche se, vista la situazione drammatica delle forze tedesche, fu poi designato nel marzo 1945 *Führer* della *18. Armee* e *Oberbefehlsaber* dell'*Armee Ostpreußen*. L'otto maggio 1945, il *Grossadmiral* Dönitz, quale riconoscimento degli eccezionali servigi resi nella direzione delle azioni belliche dal *General der Panzertruppe* von Saucken, incaricato di dirigere la *18. Armee*, aveva aggiunto i *Brillanten* alla *Ritterkreuz des Eisernen Kreuz mit Eichenlaub und Schwerter*, quale ventisettesimo – e ultimo – insignito di tale alta decorazione. Il *Generaloberst* Jodl confermò quest'assegnazione all'*AOK Ostpreußen*, in considerazione delle eccezionali imprese compiute. Il conferimento fu confermato con due telegrammi, inviati dal *Grossadmiral* Dönitz e dal *Generaloberst* Jodl alle ore 04.48 del 9 maggio 1945. Accerchiato nella penisola di Hela, fu fatto prigioniero dai sovietici. Pochi giorni prima era arrivato un ordine di trasferimento per von Saucken, in forza del quale sarebbe stato aviotrasportato fuori dalla sacca. Von Saucken rifiutò, perché, come disse ai suoi subordinati: "Dove stanno i miei soldati, lì resterò io". E poco prima della resa, nonostante gli fosse stata riproposta la possibilità di essere evacuato: "Andrò in prigionia con voi".

Von Saucken, preso prigioniero dai sovietici, passò trentadue mesi, spesso in isolamento, nelle carceri della Lubyanka e in altre prigioni, per poi essere condannato a venticinque anni di lavori forzati. Le accuse per l'imputazione di "criminale di guerra" furono inizialmente varie, per poi concretarsi con l'"aver nutrito le proprie truppe con requisizioni". Von Saucken fu quindi liberato nel 1955. Fisicamente debilitato dalla prigionia (passò buona parte del resto della sua vita costretto in una sedia a rotelle), si dedicò con successo alla pittura. La stirpe dei von Saucken, originaria della Prussia Orientale, appartiene alla più antica nobiltà; condottieri con il nome Saucken sono citati sin da prima il 1230, e furono presenti tra i ranghi dei Cavalieri Teutonici. Un grave lutto per von Saucken fu la perdita del suo figlio maggiore, caduto in Russia.

Gli assi della Panzertruppe

*Generalmajor und
SA-Sanitäts-Standartenführer*
Dr. med. dent. Franz Bäke

Franz Bäke nasce a Schwarzenfels, in Franconia, il 28 febbraio 1898, e muore in un incidente automobilistico il 12 dicembre 1978 a Bochum, in Westfalia.

Ritterkreuz des Eisernes Kreuz (1425) l'undici gennaio 1943 quale *Major der Reserve* e Comandante del *II. Abteilung, Panzer-Regiment 11*. Decorato con la *Ritterkreuz* per gli scontri urbani e i combattimenti ravvicinati a Novo Marjevka il primo gennaio 1943 contro due Battaglioni appoggiati da trenta corazzati, dei quali ben ventisette furono distrutti. Bäke passò quindi di sua iniziativa al contrattacco, annientando le unità nemiche incuneatisi tra le posizioni del *II. Bataillon, Panzer-Grenadier-Regiment 114* tra Verchne Obliviski e Novo Marjevka, distruggendo trentadue carri armati nemici (tra cui venti *T 34/76*). Con quest'azione, fu evitato un nuovo sfondamento del *25° Corpo d'Armata corazzato* sovietico sulla linea ferroviaria ad ovest di Morosovskaja.

Eichenlaub (262) il primo agosto 1943 quale *Major der Reserve* e Comandante del *II Abteilung, Panzer-Regiment 11*. L'undici luglio 1943 il *Panzer-Regiment 11* raggiunse la località di Kasatschja, situata dodici chilometri prima del Donez. Bäke convinse il suo Comandante di Reggimento a conquistare, durante la notte, la località di Rschawez, contravvenendo così agli ordini impartiti della Divisione, per poter stabilire una testa di ponte oltre lo Ssvernyi Donets. Durante il corso dell'attacco, Bäke e la sua Ordinanza, il *Leutnant* Zobel, lasciarono il loro *Befehlspanzer III* e distrussero in combattimento ravvicinato, per mezzo di cariche cave magnetiche (*Haftholladungen*), cinque *T 34/76*. Il ponte situato presso Rschavez, parzialmente demolito, fu infine conquistato.

Schwerter (49) il 21 febbraio 1944 quale *Oberstleutnant der Reserve* e Comandante del *Panzer-Regiment 11*. Gli furono riconosciute per l'eccezionale azione, intrapresa dal 23 gennaio al due febbraio 1944, dallo *schwere Panzer-Regiment Bäke*, creato appositamente in quest'occasione (composto dallo *Stab/Panzer-Regiment 11*, da trentaquattro *Panzerkampfwagen VI Tiger* e quarantasette *Panzerkampfwagen V Panther*, provenienti dalla *schwere Panzer-Abteilung 503* e dal *II./Panzer-Regiment 23*). Nel corso di questo raid, Bäke sferrò un attacco frontale a sostegno del *III. Panzer-Korps*, impegnato nell'attacco di soccorso alla *Kessel* di Cherkassy. In quest'attacco furono distrutti duecentosessantotto carri armati e semoventi e centocinquantasei pezzi controcarro sovietici. Dopo i duri combattimenti tra Vinnitsa e Kamenets-Podolsk del marzo 1944 Bäke fu promosso *Oberst* e, come Ufficiale in servizio attivo, fu incaricato di comandare la costituenda *106. Panzer-Brigade "Feldherrnhalle"*, guidandola dal settembre 1944 al gennaio 1945 nei combattimenti con unità americane tra Metz e l'Alsazia. Nel febbraio 1945 Bäke, promosso *Generalleutnant*, giunse al Comando Divisionale, guidando la ricostituita *Panzer-Division "Feldherrnhalle 2"* in Slovacchia, nei Carpazi ed in Moravia.

A fine guerra Bäke aveva preso parte a più di cinquecento scontri tra corazzati, per tredici volte era stato costretto ad abbandonare il suo mezzo, colpito dal fuoco dei corazzati o dei cannoni controcarro nemici, ed era stato ferito sette volte.

Hauptmann
Hans Bölter

Nato a Mühlheim il 19 febbraio 1915, Bölter fu decorato della *Ritterkreuz des Eisernes Kreuz* il 16 aprile 1944 quale *Leutnant* e *Zugführer* nella *2. Kompanie* dello *schwere Panzer-Abteilung 502* per la sua 89ª vittoria contro mezzi corazzati. Combattendo in supporto delle unità della *8. Jäger-Division*, il *Tiger* di Bölter distrusse 15 carri armati nemici, e un secondo *Tiger* altri 7. Dopo essersi riforniti di munizioni, i due *Tiger* distruggevano quindi due controcarro e due cannoni, sventando così uno sfondamento della prima linea tedesca e contribuendo allo sforzo difensivo delle Divisione.

Le *Eichenlaub* gli furono conferite il 10 settembre del 1944 quale *Leutnant* e *Führer* della *1. Kompanie, schwere Abteilung 502*. Alla metà di agosto del 1944, Bölter comandava 5 *Tiger* e 50 *Grenadiere*, schierati a sud di Memel. Il giorno successivo, di propria iniziativa Bölter attaccò di sorpresa un assembramento nemico, distruggendo 4 carri armati (ottenendo così la sua 95ª vittoria), 7 cannoni controcarro, e un Battaglione nemico, e stroncando così un pianificato attacco sovietico. Il giorno dopo, il *Leutnant* Bölter fu ferito per la sua settima volta; dopo la convalescenza fu assegnato quale istruttore al *Panzer-Ersatz- und Ausbildungs-Abteilung 500*. A fine guerra, Bölter aveva distrutto almeno 139 carri armati nemici: record superato soltanto da Kurt Knispel, un altro coraggioso comandante di *Tiger*; ribelle alla disciplina, Knispel fu decorato soltanto della *Deutsches Kreuz in Gold,* nonostante si stimi in più di 160 il numero di carri da lui distrutto.

Oberleutnant der Reserve
Otto Carius

Nato a Zweibrucken il 27 maggio 1922, Otto Carius fu decorato della *Ritterkreuz* il 4 maggio 1944 quale *Leutnant* e *Führer* del *I Zug* della *2. Kompanie* dello *schwere Panzer-Abteilung 502*: a ovest di Narva, con i suoi 5 *Tiger* aveva distrutto in tre giorni 28 carri armati nemici; assegnato quale comandante della *2. Kompanie*, le *Eichenlaub* gli furono concesse il 27 luglio 1944, per il seguente fatto d'arme:

Il 22 luglio 1944 Carius era schierato con 2 *Tiger* della sua *Kompanie* a nordest di Dünaburg, quando si verificò uno sfondamento di 17 carri armati sovietici, tra i quali diversi carri pesanti Stalin. Carius attaccò quindi coraggiosamente i mezzi avversari, distruggendo l'intera formazione nemica, e colpendo con il suo *Tiger* 10 dei carri nemici. Durante i combattimenti in questo settore, Carius distrusse 17 carri pesanti *Stalin* e 5 *T 34*.

Il 24 luglio fu gravemente ferito; dopo la convalescenza, Carius fu poi assegnato a fine guerra ad un reparto di cacciacarri pesanti *Jagdtiger*, in azione nella Ruhr.

SS-Hauptsturmführer
Michael Wittmann

Nato il 22 aprile 1914 a Vogelthal e caduto in combattimento l'otto agosto 1944 presso St. Aignan-de-Cramesnil a sud di Caen, in Normandia.

Ritterkreuz des Eisernes Kreuz (2571) il 14 gennaio 1944 quale *SS-Untersturmführer* e *Zugführer* nella *13. (schwere) Kompanie, SS-Panzer-Regiment 1 "Leibstandarte SS Adolf Hitler"*. Ottenuta dopo che Wittmann, tra il luglio del 1943 ed il 7 gennaio 1944, aveva distrutto cinquantasei carri armati nemici, e con i successi dell'otto ed il 9 gennaio 1944 la cifra era salita a sessantasei carri armati. L'otto gennaio, durante uno sfondamento di una Brigata corazzata sovietica presso Sherepi, egli riuscì con la sua *Kompanie* ad arrestare l'attacco, distruggendo personalmente tre *T-34* ed un semovente *SU*. Il 9 gennaio 1944 egli riuscì nuovamente, durante una penetrazione di corazzati nemici, a distruggere sei *T-34*.

Eichenlaub (380) il 30 gennaio 1944 quale *SS-Untersturmführer* e *Zugführer* nella *13. (schwere) Kompanie, SS-Panzer-Regiment 1 "Leibstandarte SS Adolf Hitler"*. Onorificenza ottenuta per aver raggiunto la quota di centoquattordici carri nemici distrutti. Il 13 gennaio 1944, Wittmann annientò diciannove *T-34* e tre semoventi *SU*, facenti parte di un forte reparto corazzato nemico. In tal modo, arrivò a quota ottantotto carri armati e semoventi nemici distrutti. Il 6 febbraio 1944, durante l'attacco di soccorso verso la sacca di Cherkassy, furono distrutti da Wittmann altri nove carri armati nemici.

Schwerter (71) il 22 giugno 1944 quale *SS-Obersturmführer* e *Führer* della *2. Kompanie, schwere Panzer-Abteilung 101*. Conferite per il fatto d'arme di Villers Bocage, di seguito illustrato:

Il 13 giugno 1944 la *7th Armoured Division* inglese, con in testa la forte *22th Armoured Brigade*, penetrava per molti chilometri in un vuoto della sottile linea tedesca, arrivando a minacciare il fianco della divisione corazzata *Panzer Lehr* e con essa l'intero schieramento germanico a difesa di Caen. Prima che il comando tedesco potesse porre rimedio a questa situazione, mentre la *22th Armoured Brigade* compieva una sosta a Villers Bocage, piccolo centro sulla *Rue National 175*, un singolo *Tiger* abbandonava il suo nascondiglio e si avvicinava alla lunga teoria di corazzati britannici, nonostante la disparità di forze. Con il motore al minimo, facendo frequenti pause d'osservazione, il *Tiger* di Wittmann riuscì ad avvicinarsi inosservato, essendo scoperto solo quando le prime granate perforanti da 8.8cm iniziarono a perforare i *Cromwell* e *Sherman* inglesi. Costeggiando la colonna nemica da una distanza di ottanta metri il cannone e le due mitragliatrici del *Tiger* svilupparono un fuoco metodicamente feroce sui blindati inglesi, distuggendo buona parte dei mezzi del "A" *Squadron* e della *Rifle Brigade* del *4th County of London Yeomanry* e procedendo fino al centro di Villers Bocage, dove il *Tiger* venne affrontato da un M4 A4 Sherman "Firefly" del "B" *Squadron* che stava cautamente muovendosi verso la battaglia; i due carri spararono contemporaneamente: il perforante inglese da 17 libbre colpì, obliquamente, il mantello del pezzo del *Tiger*, non penetrando, mentre la *Panzergranate* colpì una casa sul fianco dello *Sherman*, facendo crollare una grande massa di detriti sul carro inglese, che venne messo nella temporanea impossibilità di agire. Wittmann a questo punto decise di ritirarsi per rifornirsi di munizioni e contrattaccare con i suoi carri, rimasti in riserva, passando accanto ai mezzi del "A" *Squadron* in fiamme. Senza che Wittmann se ne accorgesse un *Cromwell* era scampato alla distruzione e si era messo ad inseguire il *Tiger*, contando di poter colpire la parte posteriore del mezzo avversario, decisamente meno protetta. Il *Cromwell* inquadrò il *Tiger* di Wittmann, sparando rapidamente due perforanti da 75 mm contro il *Tiger* dalla brevissima distanza di settanta metri, ma i due colpi non penetrarono, anche da una distanza così breve. Il *Tiger* rispose subito al fuoco, distruggendo il carro armato nemico. Wittmann si allontanò, e dopo essersi rifornito Wittmann attaccò nuovamente con i suoi tre *Tiger* ed un *Pz.Kpf.Wg. IV Ausf. H* della *Panzer Lehr*, infliggendo altre perdite ai mezzi della *22th Armoured Brigade*, ma il suo carro ed altri furono messo fuori combattimento dai rinforzi inglesi del "B" *Squadron*. Wittmann ed il suo equipaggio avevano impedito ai britannici di sfruttare una situazione tattica che avrebbe portato quasi sicuramente alla rottura del fronte difensivo tedesco a Caen, distruggendo, nel corso dell'azione a Villers Bocage, i seguenti mezzi avversari: 4 carri medi *M4 A4 Sherman "Firefly"*, 16 carri medi *Mk IV Cromwell*, 2 carri medi *M4 Sherman OP* , 3 carri leggeri *M5 A1 Honey*, 14 portatruppe *M3 Halftrack*, 14 portatruppe *Bren Carrier* trainanti cannoni anticarro da 6 Pd., 2 autoblinde esploranti *Daimler Scout Car*.

Il 22 giugno 1944 Wittmann era decorato delle *Schwerter* alla *Ritterkreuz*, dopo aver raggiunto il record di 138 corazzati e 132 cannoni anticarro nemici distrutti.
L'otto agosto 1944, mentre tentava con la sua compagnia di contrattaccare le forze corazzate inglesi e canadesi impiegate durante l'*Operazione Totalize*, Wittmann perdeva la vita assieme ai suoi carristi: *SS-Unterscharfuhrer* Karl Wagner, *SS-Sturmmann* Gunther Weber, *SS-Unterscharfuhrer* Heinrich Remers e l'*SS-Sturmmann* Rudolf Hirschel. I loro resti furono trovati nel 1982 in una fossa vicina a dove il *Tiger* di Wittmann fu colpito nella sua ultima battaglia, e tumulati nel cimitero di guerra tedesco di La Cambe, in Normandia.

Oberwachtmeister
Hugo Primozic

Nato a Backnang, nel Württemberg, il 16 gennaio 1914.

Dopo aver lavorato presso un ferramenta, Hugo Primozic riesce ad arruolarsi nella *Reichswehr*, servendo poi nell'Artiglieria campale ippotrainata della *Wehrmacht* nel 1939-1940. Dopo la fine della Campagna di Francia passa nella *Sturmartillerie*, ricoprendo l'incarico di istruttore.

Nel luglio del 1942 Primozic, dopo aver fatto molte richieste, è inviato sul fronte Orientale, e assegnato al *667. Sturmgeschütz Abteilung*.

Primozic, *Wachtmeister und Zugführer* del *II. Zug/2. Batterie/Sturmgeschütz-Abteilung 667*, assunse il comando di un Plotone formato da tre *Sturmgeschütz III Ausf. F*, ritrovandosi subito impegnato in duri scontri. Quando un mezzo del suo Plotone ebbe un'avaria meccanica durante un attacco di fanteria e corazzati russi, Primozic scese dallo *StuG*, assicurando il cavo di traino al mezzo in panne e dirigendone il recupero sotto il fuoco nemico, tenendo a bada la fanteria russa che cercava di avvicinarsi ai due mezzi con il preciso tiro della sua *MG 34*. Per quest'atto valoroso Primozic è decorato della *EK II* il 18 agosto 1942.

Alla fine dell'agosto 1942, il *667. Sturmgeschütz-Abteilung*, subordinato alla *72. Infanterie Division*, è incaricato della difesa di Rhzev, importante nodo di comunicazioni minacciato dall'offensiva russa, mirante alla distruzione del saliente tedesco intorno alla città.

Il 15 settembre l'attacco di forti unità corazzate russe causò una situazione di crisi, e gli *Sturmgeschütz* del Plotone di Primozic, ultima riserva, furono chiamati in avanti. Gli *StuG* di Primozic, ben mimetizzati e muovendosi lentamente, sfruttarono la copertura data dalla vegetazione per prendere posizione attendendo i corazzati sovietici mentre Primozic, smontato dal suo mezzo, faceva una ricognizione del terreno antistante registrando mentalmente altre posizioni di tiro per i mezzi da lui comandati.

Quando i corazzati russi, carri medi *T-34* e pesanti *KV-1*, erano ormai arrivati a ridosso delle prime trincee tedesche gli *StuG* aprirono il fuoco distruggendo 5 carri e quindi infliggendo gravi perdite alla fanteria sovietica attaccante.

Gli *StuG*, inquadrati dall'artiglieria media sovietica, cambiarono posizione, ingaggiando nuovamente i corazzati russi: un proiettile da 76.2 mm di un *KV* colpì di striscio il mezzo di Primozic, che non subì danni, come anche lo stesso *KV*, colpito da una *Panzergranate* tirata dal *7.5cm Sturmkanone 40* dello *StuG*.

Il mezzo tedesco fu però il primo a tirare il successivo colpo, incendiando il carro avversario che riuscì a ritirarsi. Alcuni *T-34* tentarono di prendere sul fianco il Plotone di *StuG* che stavano ostacolando il loro assalto; resosi conto della manovra, Primozic ordinò al suo guidatore di sterzare bruscamente a sinistra, permettendo al cannoniere di acquisire il bersaglio e di distruggere altri due *T-34*.

Subito dopo altri carri russi mossero all'attacco, sempre in maniera non coordinata, cosicché gli artiglieri d'assalto tedeschi, comunicando via radio e cambiando posizione frequentemente, riuscirono a frustrare ogni iniziativa nemica.

Nel breve volgere di un'ora Primozic distrusse 17 carri russi, mentre alla fine della giornata 24 tra *T-34* e *KV-1* erano stati messi fuori combattimento da lui e dal suo equipaggio, ed altri 11 colpiti dagli altri due *StuG* del suo Plotone.

Per aver fermato, senza supporto, un'intera Brigata corazzata sovietica e per aver significativamente contribuito alla difesa di Rhzev il *Wachtmeister* Primozic fu quindi decorato della Croce di Cavaliere il 19 settembre 1942, ed il *667. Sturmgeschütz-Abteilung* citato nei bollettini della *Wehrmacht* (*Wehrmachtbericht*) del 31 agosto e 1 settembre 1942. Nei duri combattimenti invernali successivi Primozic ebbe modo di distinguersi ancora, distruggendo 7 carri russi nella sola giornata dell'undici dicembre, e portando le sue vittorie alla ragguardevole cifra di 60 carri distrutti in cinque mesi.

L'*Oberwachtmeister* Primozic fu quindi insignito delle Fronde di Quercia alla Croce di Cavaliere (185° conferimento) il 25 gennaio 1943, primo Sottufficiale della *Heer* e della *Sturmartillerie* a ricevere quest'alta decorazione. Fu promosso *Leutnant* il 31 gennaio 1943. Primozic morì a Fulda, nell'Hessen, il 18 marzo 1996.

Indice

La Panzerwaffe 3

Le uniformi della Panzertruppe . . . 15

Le uniformi della Sturmartillerie . . . 21

La mostra tematica "Achtung Panzer!" . . 27

I comandanti della Panzertruppe . . . 103

Gli assi della Panzertruppe 135

GIA PUBBLICATI - ALREADY PUBLISHED

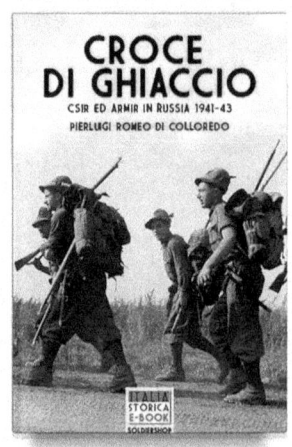

www.ingramcontent.com/pod-product-compliance
Lightning Source LLC
LaVergne TN
LVHW081542070526
838199LV00057B/3753